LES MANIFESTATIONS

DES ESPRITS

RÉPONSE A M. VIENNET

PAR

PAUL AUGUEZ

Nunquam aliud natura, aliud sapientia dicit.
Jamais un sage n'a pu contredire la nature.

(JUVÉNAL)

Prix net : 2 francs 50 centimes.

PARIS

GERMER-BAILLIÈRE

RUE DE L'ÉCOLE-DE-MÉDECINE, 17.

1858

LES MANIFESTATIONS

DES ESPRITS

PARIS, IMPRIMERIE DE PILLET FILS AÎNÉ, RUE DES GR.-AUGUSTINS, 5.

LES MANIFESTATIONS

DES ESPRITS

RÉPONSE A M. VIENNET

PAR

PAUL AUGUEZ

Nunquàm aliud natura, aliud sapientia dicit.
Jamais un sage avis n'infirme la nature.
(JUVÉNAL.)

PARIS

E. DENTU | GERMER-BAILLIÈRE
GALERIE VITRÉE, 13, PALAIS-ROYAL. | RUE DE L'ÉCOLE DE MÉDECINE, 17.

——

1857

A MONSIEUR VIENNET

ANCIEN PAIR DE FRANCE, MEMBRE DE L'ACADÉMIE FRANÇAISE, ETC.

———————

MONSIEUR,

Veuillez agréer, avec l'hommage de mon respect, la réponse que l'âme impartiale d'un jeune homme et ses sincères études l'encouragent à vous adresser, sur l'imputation dans laquelle vous atteignez tant de personnes respectables.

Le vrai n'a pas d'âge, et je crois pouvoir vous dire le vrai, malgré la distance qui sépare votre acte de naissance du mien.

J'ai l'honneur d'être, Monsieur,
avec une parfaite considération,
votre très-humble serviteur,

PAUL AUGUEZ

Septembre 1857.

A NOS LECTEURS

Dans l'épître adressée par M. Viennet à l'Académie française et lue dans la séance solennelle de cette année, on trouve les vers suivants, où l'honorable académicien, poussé par nous ne savons quel sentiment irréfléchi, cherche à flétrir des hommes dont la plupart lui sont inconnus, en traitant de pratiques frivoles et ridicules des phénomènes très-réels, très-apparents, nous osons même dire très-*naturels*, et que, sans nul doute, il n'a jamais observés :

> De plus tristes objets tenteraient mon courroux,
> Si l'âge et la chaleur ne me rendaient plus doux.
> Que ne dirais-je pas de l'étrange folie
> D'un peuple d'esprits forts qui croit à la magie,
> Qui, poursuivant partout les superstitions,
> Fait au nom du progrès des révolutions,
> Et prend au sérieux les visions cornues
> Du premier charlatan qui lui tombe des nues !
> J'ai vu mille insensés, l'œil tendu vers leurs mains,
> D'une table tournante attendre leurs destins ;
> Écouter en tremblant si la table est frappée
> Par quelque âme invisible à la tombe échappée.

Cette sortie aussi regrettable qu'inconsidérée a motivé, de notre part, la réponse suivante, expression de notre conviction profonde, que nous soumettons sans crainte à l'appréciation des hommes sérieux.

LES MANIFESTATIONS

DES ESPRITS

Monsieur,

S'il est une vertu qui doit particulièrement distinguer les hommes supérieurs, c'est la prudence dans
l'appréciation de faits qu'ils ne connaissent pas, ou
qu'ils connaissent imparfaitement, et dont par conséquent ils n'ont pas été à même d'étudier les causes.

Bien que des vers légers adressés à une académie
pour un jour de solennité ne soient pas tenus d'avoir
absolument une valeur philosophique, nous pensons
cependant que, la renommée de l'auteur leur donnant
en quelque sorte un brevet de notoriété publique, il

est impossible de ne pas tenter de faire voir à ce même auteur qu'il a manqué de la prudence dont nous venons de parler, en se faisant juge et appréciateur de choses qui lui sont complétement étrangères.

Puisse cette courte réponse d'un homme qui n'a pour but que le triomphe de la vérité réparer le mal que vos railleries ont pu causer, et faire réfléchir cette foule inconséquente qui accepte toujours aveuglément les jugements de ceux qu'elle croit infaillibles, parce qu'ils lui ont donné des preuves nombreuses de talent et d'érudition !

Quiconque, en dehors des mathématiques pures, prononce le mot impossible, manque tout au moins de prudence : telle était l'opinion du grand Arago ; telle n'est pas la vôtre, monsieur, si nous avons bien compris le sens de votre attaque contre les personnes qui, plus heureuses que le plus grand nombre des adeptes d'une science fort instruite des effets, mais très-ignorante des causes, ont retrouvé le secret de cette faculté sublime, apanage inaliénable de notre nature spirituelle, à l'aide de laquelle il nous est permis de nous mettre en rapport direct avec les intelligences qui peuplent à l'infini les régions sans fin de ce splendide univers.

C'est une des misères de notre humanité que la

faculté de connaître poussée à son extrême limite ait, dans tous les temps, excité le mépris de certains hommes qui ne peuvent se décider à reconnaître dans un autre ce qui n'existe pas en eux, ou qui ne se sentent pas assez de force d'âme pour sortir hardiment des ornières tracées par la routine.

Toute vérité trouvée, ou retrouvée, a eu ses négateurs, ses bourreaux et ses victimes.

Tracer le martyrologe des serviteurs du progrès, ce serait rééditer l'histoire universelle.

Galilée démontre que la terre tourne ; et le fanatisme apprête ses chaînes et ses bûchers pour le forcer à rétracter une certitude qui n'avait contre elle qu'un texte mal compris de nos livres sacrés.

Salomon de Caux, les premiers chimistes sont considérés comme sorciers par un vulgaire ignare, et comme charlatans par les esprits forts de leur époque.

Plus tard (au dix-neuvième siècle !), Fulton, méconnu par le premier génie de notre France, est sur le point de douter de lui-même, et peut-être, qui sait? d'abandonner à jamais l'une des plus fécondes de nos découvertes modernes; pendant que le docteur Gall reste en butte aux stupides plaisanteries des courtisans,

peu soucieux de redresser une erreur échappée au
coup d'œil si souvent infaillible de leur maître....

Telles furent constamment les récompenses accor-
dées jadis à quiconque portait un cœur assez généreux pour oser braver les périls d'une bienfaisante
initiative.

Mais ces aberrations du passé, qui n'ont pas empêché le progrès de marcher à pas de géant dans la
voie que lui a tracée la Providence, ne doivent plus se
renouveler de nos jours.

En tous lieux la lumière se fait : l'Orient resplendit
des lueurs crépusculaires de l'avenir ; l'impossible se
réalise. Le vieux monde *n'est pas loin de sa fin !*

La foudre, emprisonnée dans une bouteille de Leyde,
sert de jouet inoffensif à un écolier de douze ans ; un
jet de vapeur frappant les ailes d'une roue entraîne des
multitudes à d'épouvantables distances ; des métiers
aux mille rouages épargnent des sueurs stériles à des
milliers d'ouvriers, dont ils tissent les vêtements. Le
charbon de terre, métamorphosé en gaz, jette de toutes parts des reflets de clarté sur nos places et dans nos
carrefours, lui qui semblait ne devoir jamais être que
l'image de la nuit ! Le luxe se fait populaire ; la science,
mise enfin à la portée des masses, se débite en bro-

chures à dix centimes : partout l'esprit humain suit la
marche ascendante du monde qui progresse, et chaque progrès n'est que le précurseur d'un progrès plus
grand. Sans être prophète, on peut prédire à l'avance
que la navigation aérienne sera bientôt l'émule de nos
chemins de fer et de nos bateaux à vapeur; que la lumière du gaz ne tardera pas à pâlir devant la lumière
astrale descendue sur la terre sous le nom de lumière
électrique; et si l'éther et le chloroforme ont déjà presque vaincu la douleur, d'ici à peu de temps, avec
l'auxiliaire puissant du magnétisme humain, la
femme, relevée pour toujours de la malédiction divine, n'aura plus de l'enfantement que ses joies et ses
douces promesses. Dieu frappe à nos portes, et son
règne tant promis est prochain !

Est-ce là de la magie ? Pas plus que nous vous ne
le croyez ; et pourtant nos pères n'auraient pas hésité
à qualifier ainsi ces magnifiques produits de l'intelligence.

Pourquoi donc nous montrer aussi imprévoyants
que ces hommes du passé, qui nous semblent si petits
quand nous les regardons du haut de notre science
moderne ?

Ces choses étaient naturelles, direz-vous ; forcément

l'effusion des lumières intellectuelles devait en amener
le triomphe, tandis que les mystères de l'évocation sont
du domaine des choses surnaturelles, et par suite en
dehors de la puissance d'action dévolue à l'espèce humaine...

Qui vous l'a dit?

Pensez-vous que, dans la nature, il existe quelque
chose de surnaturel?

Ce qui paraît tel aujourd'hui ne peut-il pas être jugé
tout autrement demain?

Ce qui n'était connu que du petit nombre des initiés
de l'antiquité ne peut-il donc devenir familier à tous,
dans un siècle comme le nôtre, où l'instruction, de
plus en plus générale, tend chaque jour à établir le
niveau des intelligences?

D'ailleurs, ceux qui condamnaient la chimie et tant
d'autres découvertes qui, comme on dit vulgairement,
courent les rues maintenant, ne les croyaient-ils pas
aussi du domaine des choses d'un monde contre nature, et n'étaient-ils pas aussi bien fondés que vous en
appelant jongleurs et charlatans les philosophes plus
clairvoyants qui leur annonçaient les futures merveilles de ces inventions, alors qu'elles seraient plus
généralement répandues?

Comment l'homme pouvait-il espérer de se mettre
en rapport avec les forces cachées de la nature, au point
de les faire servir à la guérison de ses maux, à la satisfaction de ses besoins et de ses plaisirs?

N'était-ce pas le comble du charlatanisme ou de la
folie qu'oser rêver ou promettre de pareils résultats?

Telle était, monsieur, la question que devaient s'a-
dresser les savants en titre de ces époques éloignées,
qui, comme certains de leurs confrères modernes, ne
voulaient pas admettre qu'il fût permis à l'homme de
voir plus loin qu'ils ne voyaient eux-mêmes; et leur
conclusion était la même que la vôtre : Charlatanisme
ou folie !

Mais les preuves sont venues, et ces fiers détracteurs
du progrès ont fini par se convertir. Les preuves des
faits avancés par nos philosophes spiritualistes sont
là vivantes et palpables; — les preuves physiques et
scientifiques, entendez-vous bien ! — Et vous aussi,
vous vous convertirez comme tout le monde, si vous
daignez consentir à les expérimenter sans parti pris.

Vous vous convertirez, car un esprit juste ne repousse jamais la vérité, quand la vérité lui est démontrée, lui est prouvée par des hommes qui n'ont aucun
intérêt à la falsifier.

Ici, nous devons de toute nécessité dire un mot de nous-même et de la manière dont nous avons été amené à constater l'évidence de phénomènes sur lesquels, comme vous, nous avions lancé l'anathème dans plusieurs de nos précédents ouvrages.

Lié d'amitié avec le docteur Clever de Maldigny, ancien médecin-major de première classe de la gendarmerie d'élite, homme d'une intelligence et d'une honorabilité connues (1), lié, dis-je, avec le docteur Clever de Maldigny, je lui avais souvent entendu parler de la puissance *naturelle* que possède l'homme bien organisé et vivant dans l'harmonie du calme, de se mettre en rapport avec des forces dont l'existence est trop communément inaperçue.

Je lui avais souvent entendu raconter d'incroyables résultats obtenus par des personnes si haut placées sur l'échelle sociale, que nul n'est en droit de suspecter la sincérité de leur affirmation, aussi probante et aussi irrécusable que possible.

Je lui avais souvent entendu affirmer que lui, scrutateur rigoureux et logicien exact, ayant passé trente

---

(1) M. Clever de Maldigny ne se contente pas de ne faire *que de la médecine gratuite*, il *donne encore gratuitement à ses malades* les remèdes qu'il leur prescrit.

années de sa vie dans l'exercice continuel de l'art médical, avait soumis chacun de ces faits, si mal compris par le plus grand nombre, à une analyse patiente et scrupuleuse, et que, dans la constatation de leur réalité, il n'avait rien trouvé qui pût choquer la raison la plus exigeante, puisque, au moyen d'études spéciales, il se rendait compte non-seulement des relations de l'esprit et du corps par l'intermédiaire de nos organes, mais aussi de celles qui paraissent exister avec des principes d'un milieu différent du nôtre.

Je l'avais souvent vu sourire en entendant prononcer le mot *surnaturel*, appliqué aux manifestations de ces individualités extramondaines, manifestations qui, selon lui, sont aussi naturelles à notre essence humaine, lorsqu'elle est arrivée à un certain développement relatif, que la faculté de voir chez les personnes qui jouissent de l'organe de la vue, ou la faculté de penser chez ceux qui, en développant leur intelligence par un exercice répété, ont augmenté la capacité de leur cerveau.

Or, ayant le bonheur d'avoir juste assez de philosophie pour être croyant par raison, sans avoir de système ni de parti pris; assez de science pour comprendre la portée d'un raisonnement scientifique, sans avoir l'orgueil du savant presque toujours disposé à

nier les causes qu'il n'a pu discerner, les affirmations
d'un homme honorable ne cherchant qu'à répandre
des vérités qu'il a su découvrir, afin d'aider tous les
bons vouloirs à procéder à d'autres découvertes, firent,
nous devons l'avouer, une grande impression sur nous.
Nous réfléchîmes, et nous arrivâmes à conclure qu'après
tout il n'est pas plus absurde de supposer à la race
d'Adam (1) le pouvoir de vivre mi-partie dans la densité (la terre et le monde visible), mi-partie dans
l'esprit (le ciel et le monde invisible), que de lui voir
accomplir à chaque instant des miracles qui semble-
raient incompréhensibles, s'ils n'étaient pas journaliers,
et, pour ainsi dire, banals, bien que très-souvent ils
restent inexpliqués pour nous.

Puis, une fois entré dans cette voie, nous nous de-
mandâmes par quels irréfragables arguments les négateurs des phénomènes spiritualistes détruisent des
faits si réels aux yeux de tant d'hommes de bonne foi,
qui les étudient sans relâche depuis déjà plusieurs
années, et nous fûmes forcé de constater que ces
négateurs de faits visibles et palpables observés par
plusieurs milliers d'individus sains d'esprit, tant au

(1) Adam, dans la langue primitive, signifie l'être universel.

nouveau monde que sur l'ancien continent, se contentent de déclarer simplement qu'ils ne les ont jamais vus ni observés, et qu'ils ne prétendent les voir ni les observer, attendu que ces faits sont *impossibles*, et ne peuvent par conséquent être acceptés que par des ignorants ou des fous, et exploités par des charlatans!!!

Avec quel étonnement ne vîmes-nous pas que tout à coup, de par l'arrêt de MM. tels et tels, la meilleure partie des citoyens américains se trouve convaincue de folie ou de charlatanisme, surtout lorsque nous apprîmes que parmi ces fous et ces charlatans, on frappe dans leur honneur et leur considération des magistrats, des avocats, des gens de lettres, des membres du sacerdoce, des médecins, des hommes recrutés en grand nombre dans les classes les plus éclairées de la société. Mais quelle ne fut pas notre stupéfaction quand nous vîmes cette étrange manie, comme vous l'appelez, monsieur, se répandre en France, en Angleterre, en Allemagne, en Espagne, enfin dans presque tous les pays les plus connus pour l'état avancé de leur civilisation. C'était, vous pouvez le comprendre, à y perdre la raison, et nous l'avons perdue, s'il faut en croire ceux qui pensent comme vous.

Comment ! la moitié du genre humain menacée de

se laisser prendre niaisement aux momeries de quelques histrions, n'ayant agi que dans le but de se moquer de gens dont ils n'avaient à attendre que la honte de se voir bientôt démasquer ! C'était à n'y pas croire !

Des magistrats fous ou jongleurs ! des pasteurs se raillant effrontément de la crédulité de leurs ouailles ! des médecins risquant de perdre leur clientèle pour se donner la singulière distraction de se livrer, en présence d'une nombreuse assemblée, à des farces de tréteaux, que désavouerait le dernier paillasse d'une foire ! N'était-ce pas là, en vérité, le plus bizarre de tous les prodiges, et n'était-il permis de tenter l'épreuve de quelques recherches, ne fût-ce que par l'obligation de dévoiler aux yeux de tous de si méprisables et de si dangereuses supercheries ?

Voilà, monsieur, ce que vous auriez dû faire avant de vous prononcer si catégoriquement... Mais rien n'est perdu, car d'autres ont eu le courage de le faire pour vous.

Ici nous nous arrêtons un instant, avant d'arriver aux circonstances qui ont motivé notre conviction, pour vous demander si, en bonne conscience, vous pensez que des hommes dans une position élevée, ne retirant d'ailleurs *un profit quelconque* à afficher des croyances qui, tout au contraire, ne peuvent que leur fermer les portes d'une société routinière repoussant tout ce qui peut l'inquiéter dans ses plaisirs, en lui rappelant les devoirs que lui impose la noblesse de son origine, nous nous arrêtons un instant, disons-nous, pour vous demander si de pareils hommes méritent la qualification de charlatans, dans laquelle vous les enveloppez tous si légèrement et avec si peu de connaissance de cause (1)?

Revenons aux faits qui nous concernent, et dont, *sur l'honneur*, nous n'hésitons pas à affirmer la complète authenticité.

Un des jours du mois de juillet dernier, vers trois heures de l'après-midi, nous trouvant chez le docteur Clever de Maldigny, et après une longue conversation

(1) Nous n'avons nullement l'intention de soutenir la moralité des médiums que nous ne connaissons pas. M. X. ou M. Z. est-il en rapport avec de bons ou de mauvais esprits? nous l'ignorons... Y a-t-il même des hommes qui se font passer pour médiums ne l'étant nullement?... nous l'ignorons encore.

Bien que nous ayons eu la visite de M. Home, qui nous a fait l'effet d'un gentleman parfaitement honorable, nous n'avons jamais assisté à aucune de ses expériences, mais rien ne nous a étonné de ce qu'on a rapporté de lui, puisque des personnes qui nous sont connues, et qui n'ont jamais expérimenté en public, produisent des phénomènes absolument semblables à ceux qui lui sont attribués.

sur les merveilleux enseignements du spiritualisme,
il nous offrit de nous donner une preuve convaincante
de la facilité avec laquelle un croyant, quel qu'il soit,
peut se mettre instantanément en rapport avec l'esprit
de telle ou telle personne évoquée.

Nous consentîmes avec joie à tenter l'expérience.

M. de Maldigny nous pria de faire une évocation
mentale, sans lui donner le nom de l'esprit appelé par
nous, afin de nous ôter jusqu'à l'apparence d'un doute
sur l'origine des réponses qui nous seraient faites.

Nous apposâmes les mains pendant trois à quatre
minutes sur un guéridon très-léger, et aussitôt nous le
sentîmes comme agité d'une vie intérieure. De faibles
craquements s'y firent entendre, et l'espèce d'hésitation
que nous avions éprouvée dès l'abord se dissipant,
comme par enchantement, devant la toute-puissante
conviction qui s'empara de nous, cette foi nouvelle de
notre part, jointe à celle du docteur, augmenta sans
doute notre rayonnement attractif, car, sur notre demande, et sans aucun délai, la table, par des signes
convenus, écrivit ce nom : Delvaux, que nous seul
connaissions, puisque cette personne, qui nous est
chère à plus d'un titre, est morte il y a environ cin-
quante ans, c'est-à-dire plus de vingt ans avant notre

naissance, toutes circonstances ignorées du docteur de Maldigny.

Nous continuâmes avec le même succès. L'esprit, qui nous dit être heureux de se trouver avec nous, finit par nous engager à lui abandonner notre main pendant dix minutes chaque jour, promettant de s'en servir pour nous donner par écrit les conseils qu'il croirait devoir nous être utiles : promesse qui a été fidèlement tenue.

Direz-vous donc, monsieur, qu'il y ait là de la folie ou du charlatanisme? Direz-vous que M. de Maldigny, dont tant de personnes de prudence et de droiture apprécient la raison solide, librement et longuement exercée, ait trouvé le moyen de nous inoculer en quelques secondes une folie qu'il n'a pas ?

Et dans quel but, s'il vous plaît?

Pensez-vous aussi que nous-même, dans notre position indépendante de famille et de fortune, nous irions de gaieté de cœur risquer les espérances de notre avenir, pour la sottise d'entretenir le public de contes saugrenus?

Aimez-vous mieux croire qu'un homme de cinquante-six ans, et un homme de trente ans, deux hommes qui n'ont jamais donné que des gages d'une tête saine et d'un jugement ferme, deviennent à point nommé et subitement fous pendant une heure, pour redevenir pleins de bon sens quelques moments après?

Non, vous ne pouvez le croire ; et, quand nous affirmons la certitude de faits qui vous paraissent si incroyables, vous devez vous demander intérieurement s'il n'y a pas là-dessous quelque chose de plus qu'une erreur ou qu'une jonglerie...

Ecoutez comment le docteur de Maldigny, nous exposant ses voies d'édification et remontant aux sources historiques les plus anciennes, arrive à démontrer, dans un article plein de logique et de netteté publié récemment, la *naturalité* scientifique de ces manifestations d'un monde au milieu duquel nous vivons à notre insu, et avec lequel nous aurions des rapports mieux constatés, si nos affinités matérielles ne nous avaient rendus aveugles sur ce point, en atrophiant en nous des organes cérébraux supérieurs, destinés à nous relier à cette secrète portion de l'univers :

« Mes études magnétiques, dit M. de Maldigny, ne datent que de 1853 (1). Mais ma profession de médecin

_____

(1) Bien qu'il dépasse un peu par son étendue le cadre dans lequel nous avons jugé convenable de renfermer cette brochure, nous ne pouvons résister au désir de reproduire presque en

m'avait attaché de bonne heure à l'examen des choses naturelles.

« Une philosophie toute *positive* dirigeant mes plus hautes inductions, s'il m'était impossible de me soustraire à la reconnaissance impérieuse d'une Cause Primordiale Souveraine, je ne pouvais qu'admirer sa sagesse, me bornant, quant au mécanisme du monde, à l'envisager sous un point de vue général.

« Comme tous les observateurs, je disais : La génération de l'univers, autant qu'il est loisible de la saisir dans sa marche et ses détails, présente un incommensurable empire; vaste ensemble de systèmes harmoniés, se reliant et s'élevant par transitions successives; se peuplant de corps et d'êtres divers, plus ou moins doués des facultés de la vie; facultés se traduisant au moyen d'organes, et par une filiation telle que, d'une manière quelconque, le privilége éminent des règnes supérieurs possède, résume, développe constamment la multiplicité, la variété croissante et convergente des puissances d'action, dévolues avec une inégalité de plus en plus restrictive au caractère des espèces inférieures.

entier ce remarquable travail, parce qu'il renferme, selon nous, les éléments d'une philosophie nouvelle, la *Philosophie de l'avenir*, basée sur l'éternelle révélation commune à tous les cultes.

Si bien que, partant du règne le moins favorisé (les corps bruts), et franchissant la distance jusqu'au type hominal, on découvre d'innombrables séries ascensionnelles, distribuant à chaque étape de la route une dose de plus en plus riche de l'étendue de l'existence.

« Cet aperçu, très-défectueux, du domaine visible et tangible de la vie, apprécié surtout en son activité terrestre, n'en constate que l'instrumentation grossière, vulgairement appelée matérielle. C'est la densité, d'abord inerte... en apparence, puis se mouvant, se perfectionnant jusqu'à dévoiler une destinée intelligente, selon les degrés ascendants d'une contexture plus complexe et plus délicate. En un mot, c'est l'automate, c'est la machine progressive qu'un ressort caché met en jeu.

« Quel est ce ressort?

« Question très-épineuse et fort grave, que les sciences modernes étaient incapables de résoudre par des expérimentations concluantes.

« Je l'ignorais donc.

« Considérant uniquement le masque vital, ne parvenant à dépasser la gangue et l'intrication de l'organisme, on ne laisse pas cependant que de reconnaître le mouvement toujours plus avancé de la matière. D'où, sans supposer beaucoup que, dans nos conditions présentes, il pût nous être accordé de suivre de plus près le mot de notre énigme, je n'en préjugeais pas moins pour nous les phases d'une évolution fort au delà de nos bornes actuelles.

« Telle était en bloc ma pensée philosophique, et, je l'avoue, peut-être n'y sourcillais-je pas trop devant cette déclaration de Broussais : « Tout homme complé- « tement organisé a le sentiment d'une cause ou force « première qui *lie tout et enchaîne tout*, mais je ne puis « la définir, et je ne me sens pas le besoin d'un autre « culte que celui que lui rend ma conscience. »

« En 1853 , plusieurs circonstances décidèrent de ma conversion au magnétisme. On se l'imagine aisé- ment, ce n'est point à la légère que je me suis rendu. J'avais déployé la résistance universitaire, greffée sur cent doublures de saint Thomas. Ne riez pas : je vais m'expliquer.

« Les superbes travaux du savoir classique, les ef- forts qu'ils poursuivent avec un si noble courage et dont il ne sied à personne de faire litière, pouvais-je les soupçonner de porter en eux-mêmes la cause fatale de leur incrédulité ? Non ! Et pourtant, c'est leur situation présente qui leur retarde le dévoilement du vrai.

« Sévère à juste droit sur plus d'un fétichisme vide,

la science a jugé devoir se tenir dans une rigueur magistrale, et, blessée de ce qui sent le thaumaturge ou les tréteaux, elle repousse le moindre contact d'un indigne voisinage.

« Or, sous l'enveloppe des symboles que nous matérialise l'héritage sacerdotal, il se trouvait originairement une pénétration profonde, inaltérable à la rouille des ans, indéniable aux progrès de la raison, et que la vénération de nos pères qualifiait de divine. A travers les ombres mêmes du somnambulisme exerçant pour la foule, il se rencontre des éclairs d'intuition, pauvres étincelles obscurcies ou dégradées. Et le dédain trop absolu, trop exclusif, nous empêche d'apercevoir quelques-unes des traces lumineuses qui serviront à fonder au grand jour le code humanitaire. Car c'est la science qui doit éditer ce code, et, sans elle, on se heurte partout à plus d'une découverte.

« Une dizaine d'années donc, avec la plus franche loyauté possible, et bien que saisie de surprise de temps en temps, mon incroyance avait souri dédaigneusement à de vains essais tentés pour me convaincre. Puis, à la longue, des preuves évidentes finirent par triompher. »

Ici se trouvent, dans l'article auquel nous empruntons ces extraits, *des expériences certaines, irrésistibles et sans réplique.* Après cet exposé, le docteur poursuit :

« Ma conviction décidément établie, je me livrai, plein d'ardeur, à la piste de cette voie extraordinaire, si réelle, si puissante et si remplie d'écueils.

« A force de travail, de déceptions et de patience persévérante, je parvins à des découvertes qui font passer pour fou l'enthousiaste assez irréfléchi pour les divulguer inconsidérément.

« Hélas ! dans combien de déboires et de défaillances j'ai pensé renoncer à la tâche ! Et maintenant combien je m'applaudis de n'avoir pas désespéré !

« Je ne doute pas plus des phénomènes du magnétisme que de mes actes les plus usuels, et j'étends la réalité de ces phénomènes aux horizons les plus merveilleux et les plus dignes d'intérêt.

« Ces prévisions d'une autre vie, ces pressentiments d'une destinée immanquable, qui se dessinaient vaguement au fond de mon intelligence, l'art magnétique en démontre la vérité. Par des issues qui vont aux profondeurs de l'âme, il prouve qu'il peut lire les secrets les plus intimes ; par des explorations, qui réclament encore excessivement d'étude, il effleure presque l'essence immédiate des agents au milieu desquels nous existons ; par des vues et des auditions transterrestres, il nous fait voir, entendre les amis pleurés de notre deuil, et qui vivent au delà de nos corporéités... »

Ici encore sont relatées d'autres expériences aussi curieuses qu'*irréfutables*, que les limites dans lesquelles nous sommes obligé de nous renfermer nous condamnent, *à notre grand regret*, à passer sous silence.

« Qu'en dites-vous? continue M. de Maldigny, est-ce là le fantôme d'une chimère? Le magnétisme, dans ses bonnes occasions, renouvelle souvent ces miracles. N'en faisons pas un objet de plaisanterie, et surtout n'en concevons point de frayeur : l'ignorant seul s'épouvante.

« En créant l'homme le roi du monde qu'il habite, Dieu l'a doué de ce qui le relie à tout ce monde. C'est à nous, par l'éducation de nos facultés, à jouir de notre royaume. Et, ce royaume, ce n'est pas uniquement le globe solide où nous traçons nos lignes de fer, et que nous creusons pour y déposer nos dépouilles : c'est toute sa sphère d'activité, tant visible que transitoirement invisible. Et l'homme, comme je le désigne, c'est toute la sphère d'action de l'âme humaine.

« Au dire des belles voyances du somnambulisme, tous les corps, quels qu'ils soient, toutes leurs actions et modifications émettent une effluence très-subtile, très-mobile et spéciale. C'est un rayonnement d'apparence ignée (1), déversant au sein de l'espace, d'une manière occulte pour notre obtusion commune, l'image plus ou moins brillante de la forme de ces corps et l'essence de leurs qualités, comme autant de types photographiques et sensibles sur une trame de mouvement universel. Ces images se montrent d'autant plus belles que, spiritualisées davantage, elles s'épanouissent d'un éclat plus limpide, véritable robe d'épuration, à mesure qu'elles se libèrent mieux des étreintes inférieures de la matière.

« A vingt-trois siècles de notre époque, deux illustres philosophes de la Grèce, Leucippe et Démocrite, préconisaient déjà l'existence de ces émanations, et pensaient que les images pénètrent jusqu'au centre de notre jugement.

« Dans les mystères anciens, c'était à la plus éclatante diaphanéité de ces transfigurations, examinées par les extatiques du temple, que l'on conférait le privilége, bien rare, du suprême degré de l'initiation.

« Enfin, au plus lointain de l'histoire, deux mille ans avant l'ère chrétienne (2), le génie le plus trans-

(1) Les cabalistes le nomment le *translucide*, le *diaphane.*
(2) Cinq cents ans avant Moïse, qui, l'élève des prêtres égyp-

cendant de la haute civilisation de l'Egypte, le savant
qui fut glorifié du surnom de trois fois grand, Hermès
Trismégiste, avait posé pour bases de la connaissance
de l'univers les deux divisions extrêmes de sa composition, savoir : le *subtil* et l'*épais ;* l'un, la substance
première, l'intelligence, la force expansive, impri-
mant la vie et déterminant les formes ; l'autre, la matière modifiable, la plastique passive, aveugle, et, par

tiens, se servit de leur langue littérale (*) au plus pur degré de
sa perfection, pour déposer dans un livre cosmogonique, le
Berœshith (la Genèse), un système colossal, sous le voile de
l'allégorie. La connaissance de cette langue s'étant perdue (**)
après la captivité de Babylone, l'ignorance des traducteurs a
malheureusement défiguré (***), matérialisé la signification
spiritualiste de cet ouvrage, transmis ainsi décapité dans notre
Bible, où les lecteurs ne peuvent le comprendre. Consulter
Fabre d'Olivet (*La langue hébraïque restituée*, etc.; Paris, 1815).

(*) Outre leurs hiéroglyphes, ces prêtres avaient une écriture littérale.

(**) « Près de six siècles avant Jésus-Christ, les Hébreux, devenus
Juifs, ne parlaient ni n'entendaient plus leur langue originelle. Ils se servaient d'un dialecte appelé araméen, formé par la réunion de plusieurs
idiomes de l Assyrie et de la Phénicie, assez différent du nabathéen, qui,
suivant d'Herbelot, était le pur chaldaïque » (*Biblioth. or.*, p. 514.)

(***) La version hellénistique, dite des *Septante* (à cause des soixante-
dix juges du sanhédrin qui l'approuvèrent) ; celle de saint Jérôme (*la
Vulgate*, acceptée par le concile de Trente, et défendue par les bûchers
de l'inquisition), ne sont que des traductions erronées. Et cependant
saint Jérôme avait pris un guide parmi les rabbins de l'école de Tibé-
riade. Mais ceux-ci, de la secte des Esséniens, la seule véritablement
instruite, auraient enduré le supplice plutôt que d'illuminer, pour des
chrétiens, le sens spirituel caché sous la lettre extérieure du trésor
mosaïque.

cela même, essentiellement absorbante, essentiellement égoïste. Bien des noms leur furent donnés par la suite : nous n'avons pas à nous en occuper. Nous savons comment on les appelle de nos jours : le ciel et la terre.

« Hermès, instruit de la corrélation d'existence et d'influences réciproques de ces deux mondes se mouvant sans cesse de l'un à l'autre par des courants sympathiques, sources constantes d'échanges similaires (chaque essence ne perpétuant naturellement (1) que son fruit); Hermès, pour figurer cette double génération d'un cercle électro-magnétique tournant indéfiniment sur lui-même, à l'instar des deux branches mobiles d'une chaîne continue, ascendante et descendante, le symbolisa par des signes démonstratifs de la grande et de la petite création (celle de la Toute-Puissance et celle du pouvoir de l'homme) : hiéroglyphes qu'il encadra d'un serpent (2) enroulé, dont la bouche engloutit l'extrémité.

(1) Dans le Sépher de Moïse, une des racines de l'expression hébraïque adaptée aux conceptions de la nature « implique l'idée de l'égalité et de l'équité distributive. » C'est comme s'il eût dit : elle donnera pour chacun *autant* et *selon* que chacun lui demandera.

(2) **Emblème** du dragon primitif, aujourd'hui privé de ses

« Puis, pour mieux faire comprendre la solidarité, la réciprocité des mondes (principalement de ceux qui planent sur nos corporéités compactes et sur nos images diaphanes, au delà desquelles s'élèvent des régions de plus en plus célestes, puis d'autres encore, montant de plus en plus vers le royaume divin, en observant toujours dans leurs sphères actives la gradation des mêmes lois), il grava ces hiéroglyphes sur une table d'émeraude, en les accompagnant de cette légende hardie, la plus forte synthèse des investigations de l'antiquité : CE QUI EST EN HAUT EST COMME CE QUI EST EN BAS ; CE QUI EST AU-DESSOUS EST COMME CE QUI EST AU-DESSUS (1). »

« Le principe est net, le symbole clairement intelligible, et les initiés ne pouvaient s'y tromper.

« Ce n'est pas tout : l'Egypte ayant reconnu, comme nos lucides contemporains, l'ignition latente de toutes les parties cosmiques, éthérées ou denses, la lumière, dans sa pureté la plus inimaginable, fut divinisée et déclarée l'essence (l'agent efficace) de l'Eternel.

ailes ; c'est-à-dire le représentant de la force devenue rampante par la perte des facultés trans-mondaines.

(1) Pour plus de facilité d'enseignement, voir l'ouvrage récent d'ELIPHAS LÉVI (*Dogme et rituel de la haute magie*, chez Germer Baillère, 1856).

« Pour notre état précaire, quelque confiance qu'impose le critérium de l'analogie, l'audace de ces sublimes conjectures paraîtra probablement s'élancer jusqu'à la témérité. Prétendre embrasser l'infini, n'est-ce pas, objectent les esprits craintifs, une entreprise où se briseraient les liens de notre nature terranéenne ? Soit !... pour la tranquillité de ces âmes timorées ! Mais qu'elles ne se mêlent pas d'étudier foncièrement le magnétisme. Saluons ensemble, du moins, la Cause Suprême, tout excellente. La question, sous cet aspect, ne souffre pas de litige. L'athée lui-même ne peut douter d'une cause, sauf à lui de l'interpréter comme il lui plaît.

« Après cette réserve envers les sommets de la métaphysique, revenons aux contingences plus accessibles de l'essor humain.

« Dès les premières ébauches de la philosophie grecque, on voit poindre cette énonciation d'une force effluente, comme agent d'activité de notre principe moteur.

« Thalès : « L'âme est la puissance de mouvoir (1), « de mouvoir sans cesse (2), de se mouvoir elle-

(1) Arist., de Anim, I. II, 22.
(2) Plutarq., de Plac., t. IV, p. 2.

« même (1). Elle parcourt l'univers avec une extrême
« rapidité(2).»

« Anaximène : « L'âme est de l'air; l'air est à la
« fois le principe des corps (3) et le plus subtil d'entre
« eux : de là vient que l'âme a la double puissance
« de connaître et de mouvoir.

« En tant que formée du corps le plus subtil, elle
« meut.

« En tant que principe, elle connaît (4). »

« Héraclite : « Le feu, plus subtil que l'air, le plus in-
« corporel, le plus *fluide* des éléments : voilà le prin-
« cipe. Eternellement existant, puisqu'il ne passe pas ;
« éternellement mû, puisqu'il *devient* sans cesse dans
« un flux sans fin de modifications fugitives; il est à
« la fois l'invariable fond de l'existence, et la source
« intarissable de la vie. Une étincelle de ce feu uni-
« versel et divin : voilà l'âme de l'homme.

« Etant le plus subtil des éléments, le feu occupe la

(1) Stobée, *Ecl. phys.*, chap. xi, p. 93.
(2) Diogène Laërce, *Vie des philosophes*, l. 1, p. 35.
(3) La chimie moderne tient de nouveau ce langage : « Les
plantes et les animaux dérivent de l'air, ne sont que de l'air
condensé; ils viennent de l'air et y retournent.» (Dumas,
Leçon sur la statique chimique des êtres organisés.)
(4) Arist., *de Anim.*, t. II, p. 22.

« région du monde la plus élevée. Mais, dans l'infinie
« série de ses modifications, son essence devient de
« moins en moins rapide : chacune de ses métamor-
« phoses est une déchéance. Il tombe ainsi dans les ré-
« gions moyennes, qu'il traverse, pour arriver enfin à
« la région inférieure, au plus grossier des éléments,
« la terre, où expire presque toute vie avec tout mou-
« vement (1).

« Qu'est-ce que l'homme ? Une organisation qu'a-
« nime une étincelle du feu divin...

« Emanée du feu divin, la pensée humaine tend à
« s'y réunir. Elle s'y réunit, en effet, grâce aux organes
« des sens qui ouvrent de faciles passages du dedans
« au dehors et du dehors au dedans. Or, notre intelli-
« gence, confondue ainsi avec l'intelligence univer-
« selle, change de caractère et de nature, et recouvre,
« dans son rapport avec le feu divin, *la puissance ra-*
« *tionnelle* (2) qu'elle avait perdue dans son rapport à
« nous. Devenue, de particulière et humaine, commune
« et divine, elle est aussi forte et vaste qu'elle était fai-
« ble et restreinte ; elle peut embrasser le monde entier
« dans ses recherches et comprendre jusqu'à l'infini.

(1) Diogène Laërce, IX.
(2) La puissance de connaître.

« Parcelle du feu divin, elle s'allume ou s'éteint, se-
« lon qu'on la réunit au feu universel ou qu'on l'en
« sépare. Tel un charbon s'enflamme, s'il est approché
« d'un foyer ardent, et meurt dès qu'on l'en éloi-
« gne... — Tout est mouvement...

« Qu'est-ce que le monde? Une unité vivante, savoir :
« le feu, laquelle se résout perpétuellement en une
« infinie multitude de modifications toujours diver-
« ses (1); et, inversement, une multitude de modifica-
« tions sans fin, laquelle se résume incessamment dans
« l'unité permanente du feu éternel; en d'autres ter-
« mes : le *général qui tombe dans le particulier*, le *par-*
« *ticulier qui remonte au général* (2).

« Isolée, l'intelligence humaine perd la puissance de
« se souvenir : réunie au tout, elle recouvre la puis-
« sance rationnelle (3). »

« Tel est l'enseignement des plus anciens maîtres
connus de la philosophie grecque. Et ce qu'ils profes-
saient, leur maître à tous, Trismégiste, l'avait enseigné

(1) De là le mot UNIVERS, soit qu'il dérive des racines : *unà*,
ensemble et *vertere*, tourner, ou du sens elliptique de cette
phrase : *in uno diversus*, diversité dans l'unité.

(2) Arist., *de Mund.*, t. 1, p. 1.

(3) *Des Théories de l'entendement humain dans l'antiquité*, par
Emmanuel Chauvet. Caen, 1855.

dans son *Pimandre* (la bouche du mystère) (1), quatorze cents ans avant eux et mieux qu'eux :

« La lumière pénètre et circule partout ; continuel-
« lement elle monte de la terre au ciel et descend du
« ciel à la terre, pour remonter et redescendre sans
« interruption, au travers des mobilités indéfinies de
« nos pensées, de nos actes et de toutes les transforma-
« tions de la matière.

« *La lumière est en haut*, où tout resplendit de féli-
« cité ; *le feu* (l'extinction de la lumière captive) *est en*
« *bas*, où se font entendre les gémissements de la souf-
« france, les colères et les grincements de dents.

« Dieu est le père du monde, et le monde est le père
« des choses du monde.

« Les astres sont appelés dieux, à cause des actions
« que Dieu leur donne à dispenser.

« La volonté de l'homme opère au monde ; elle peut
« atteindre le bien et surmonter toutes les difficultés.

« Tout ce qui est au monde se meut, soit par dimi-
« nution, soit par augmentation (2). »

« On le voit, il n'est pas permis de s'y méprendre.

(1) Traduit en français avec commentaires, par DE FOIX DE
CANDALE ; Bordeaux, 1579.

(2) Bouillet (*Dictionnaire d'histoire et de géographie*) assure

Cette formule embrasse à la fois : le mouvement, ou *les différents degrés de la vie* de l'univers, la force ignée, la source native-lumineuse, et capitalement *la puissance de la volonté*.

« De leur côté, les cabalistes nous entretiennent d'une lumière qui n'est pas celle que nous percevons communément, et qu'ils nomment *astrale*.

« En magnétisme, on nous parle également de cette lumière astrale, sans nous la définir; et quand j'ai demandé ce que c'était, on m'a répondu : C'est la lucidité magnétique.

« Erreur étrange et singulière façon de confondre l'*agent*, le réceptacle de toutes nos photographies vivantes, avec le phénomène de la vision au sein de ce miroir universel.

« Qu'est-ce donc que cette lumière?

« Notre lumière astrale (car chaque globe a la sienne), c'est, si je ne me trompe, le *Jamais* (l'efficace perpétuel) de Trismégiste (1); c'est la *chaîne d'or*

que les écrits hermétiques ne sont que la personnification du sacerdoce égyptien, et non l'ouvrage d'un seul homme. On en dit autant des œuvres d'Homère et d'Hippocrate. D'ailleurs, peu nous importe! Une telle imputation n'ôte rien au mérite de la profession de foi de l'antiquité la plus reculée.

(1) *Le Pimandre,* chap. xi, sect. 7.

d'Homère ; c'est la somme d'exhalation du fluide sus
et intra-terrestre que Pythagore appelait *l'âme de la
terre;* c'est le *tourbillon* de Descartes (1) ; c'est la masse
émergente et sans cesse immergente que nos lucides
qualifient du nom de *soleil spirituel;* c'est la collection
de tous les effluves occultes ignés, qui, dans l'assu-
jettissement réciproque d'attractions et de dégagements
entre les couches aériennes du *subtil* et le corps ÉPAIS
de notre astre, du fond de ses entrailles à sa surface,
contribue à ce fameux cercle expliqué précédemment (2) ; cette continuité d'action et de réaction mu-
tuelles et constantes ; ce courant d'*aller* et de *retour* des
incessantes synergies de la jumelle existence de notre
monde (l'une évidente, l'autre ordinairement inaperçue), où progresse, dans l'évolution des âges séculaires,
notre double perfectionnement (celui de notre ciel et
celui de notre planète). En un mot, c'est l'atmosphère.

« Son aspect d'ignition latente, ainsi que la nôtre in-
dividuellement, résulte du mouvement moléculaire intime des effluves, comme l'éclat du jour provient, pour

(1) Il avait reconnu que le soleil, les astres et notre terre sont
le centre d'autant de tourbillons de matière subtile.

(2) Le cercle d'Hermès : Ce qui est en haut est comme ce qui
est en bas, etc. (*Voir* page 33).

nous, des vibrations plus énergiques de l'éther, lorsque le soleil agit sur l'horizon.

« La nature bien déterminée de ce *soleil spirituel* serait un grand pas de fait. Et tout semble appuyer mon assertion.

« Les lucides distinguent parfaitement notre rayonnement individuel, on le sait, et j'en réitérerai la preuve. *A fortiori* le rayonnement général doit-il leur apparaître. Seulement, pour leurs perceptions affinées, cette énorme fournaise flamboyante projette une irradiation si vive, qu'ils peuvent à peine en supporter la vue. Ils ne pénètrent guère que dans la pénombre ou les régions inférieures.

« Oui, de l'analyse des données nouvelles, des doctrines anciennes et des faits historiques, il est rigoureux d'inférer que l'atmosphère est un occulte foyer, *embrasé pour les voyants,* et le répertoire des prodiges opérés par le magnétisme..... »

Nous omettons encore forcément ici, contraint que nous y sommes par la restriction de l'espace, nous l'avons déjà dit, quantité *d'incroyabilités* fort instructives, fort attachantes, et très-bien élucidées par le docteur de Maldigny, qui s'appuie sur elles pour édicter les conclusions suivantes :

« Sur la parole des hommes sérieux qui se sont occupés de ce sujet, si l'on n'écoute que la volonté de s'instruire au sein des forces naturelles; si, dégagé de la prévention générale, on se rappelle que, dans le plus savant sacerdoce de l'antiquité, l'acquisition certaine des conséquences que nous annonçons fondait une philosophie sanctionnée par d'austères études, aussi bien que par les plus nécessaires sentiments de l'humanité, l'on arrivera, sans déraison ni faiblesse, à des affirmations peu croyables d'abord, mais qui ne sont repoussées aujourd'hui que sur des motifs en dehors des faits convenablement observés.

« Pour moi, je l'avoue, je regarde comme du réalisme positif :

« 1° La perpétration d'un fluide infiniment expansible, paraissant animer (1) tout l'univers, dans le parcours inconnu de myriades indéfinies de classes d'existences, sous l'empire d'une loi souveraine.

« 2° L'émanation, occultement ignée, de l'image et de la composition, ainsi que des phases successives et jusqu'aux plus intimes, de chaque individualisme de notre globe.

_____

(1) *Anima*, âme, dérivé du mot grec *anémos*, air, vent.

« 3° La possibilité de constatation fortuite (1) ou volontaire de formes aériennes, représentant un objet réel, prochain ou lointain, ou bien la ressemblance de personnes décédées ou non, toutes rayonnant plus ou moins lumineusement, et parfaitement intelligibles et visibles, surtout lorsque l'on est parvenu dans l'état qui constitue le champ de la voyance et des opérations magnétiques.

« 4° La virtualité puissantielle et le degré d'influence de ces rayonnements et de leur centre d'action, en raison de leur nombre et de leurs ressources d'entretien, mais surtout de leur classification dans les trois, ou plutôt dans les quatre règnes naturels, vrais criteriums de la suprématie de force et de variétés d'activité sur l'échelle des mouvementations de toute la vie planétaire.

« 5° La présence, au sein de l'air, d'une foule incalculable de globules translucides (2), étincelants,

(1) Le ragle (*), le mirage et toutes les espèces d'*entransements* (**), au désert et sur les mers australes, semblent très-bien s'expliquer par l'effet d'un sensitivisme né subitement ou simplement exalté sous les extrêmes tensions électriques de l'air ambiant.

(2) Pour l'apercevance de ces corporéités et de celles dont il est

(*) Mot arabe signifiant : *qui a vu dans le désert.*
(**) Néologisme importé d'Amérique, et qui veut dire : entrée en transe, accès d'émotion profonde.

très-alertes, de couleurs et de grandeur variables, se
mouvant, s'agitant à l'envi les uns des autres, dans
des directions ostensiblement intelligentes. Quelquefois
des ombres solitaires, d'une teinte brune ou d'un

question dans le cours de ce paragraphe, il faut une complexion
particulière, *sensitive* et non *hallucinée*, soit maladive, soit congé-
niale ; ou bien une aptitude suraffective, fruit d'une grande
concentration habituelle, avec une sorte d'avidité sensoriale
que je ne conseille à personne d'envier ni de rechercher, à
cause de l'excès de susceptibilité nerveuse qu'elle perpétue, et
des dangereuses anomalies qui peuvent en survenir. Cette dia-
thèse est toujours coïncidente d'une atonie musculaire et d'une
diminution des globules sanguins. M. le docteur Louyet en a
très-bien diagnostiqué l'un des signes physiologiques, dans le
bruit de souffle carotidien. Déjà Faria nous avait signalé la
fluidité de l'hématose comme l'un des véhicules de la voyance.
« Il faut en conclure, dit-il, que dans cet état, la portion de
l'espèce humaine, faible par la liquidité extraordinaire du sang,
est préférable à l'autre. Elle donne de très-grands aperçus sur
la condition de l'homme primitif, et s'en approche autant qu'il
est permis à sa nature pervertie et dégradée. L'état lucide n'est
qu'un état naturel de l'homme, et porte l'initiative de son in-
destructibilité. » (*De la cause du sommeil lucide, ou Etude de la
nature de l'homme*, p. 87, par l'abbé DE FARIA, brahmine, docteur en théologie et en philosophie, ex professeur de philosophie à l'Université de France, etc., etc. Paris, 1819.)
En effet, la fibre charnue, la plus matérielle des molles
substances de l'organisme, se nourrit de la partie cruorique
du sang ; tandis que l'albumine de ce liquide sécrète quelque
chose de plus délicat à l'élément nerveux. De cette remarque,
sans doute, surgirent les jeûnes et les abstinences de l'ascé-
tisme antique ; et, par continuation, les mêmes rites s'insti-

noir très-foncé, d'une forme plus étendue et plus
vague, d'une marche lente et presque rasant le sol.
D'autres fois, comme des éclairs rapides qui vous
effleurent les yeux, ou bien un flot électrique à peine

tuèrent dans l'Eglise catholique, pour la liturgie (le travail public) de ses sanctifications, c'est-à-dire de ses consécrations au
spiritualisme.

J'ai médité les ouvrages du docteur Lélut, et, malgré le respect qu'ils méritent comme œuvres consciencieuses, coura-
geuses même dans leur savante élaboration physiologique, ils
sont bien loin de me convaincre de la prétendue folie de l'immortel philosophe d'Athènes. Autrefois j'aurais dit et j'aurais
cru pouvoir prouver, non pas avec le talent et l'érudition de
l'auteur, certaine partie de ce qu'il dit et croit prouver. Maintenant j'ai la persuasion, mieux renseignée, de sa loyale
erreur. L'extase et la folie sont deux choses bien différentes.
Socrate était un extatique, un haut sensitif; oui! mais il n'était
pas fou.

« Les idées, au lieu de se vicier dans leurs rapports, s'altèrent
dans leur nature, elles en changent; elles prennent un tel
caractère de vivacité, qu'elles deviennent de véritables sensations. Quand cela a lieu à l'occasion de l'action des objets extérieurs sur les surfaces sensitives, ou, ce qui est très-rare, par
l'effet d'une maladie de ces mêmes surfaces, ce sont les *illu-
sions*; lorsque, au contraire, cela arrive sans que rien agisse
sur les organes des sens, et sans qu'ils soient aucunement alté-
rés, ce sont les *hallucinations*. » (*Du Démon de Socrate*, p. 260,
par F. LÉLUT, *médecin surveillant de la division des aliénés de
l'hospice de Bicêtre*, etc. Paris, 1836.)

Comment l'honorable M. Lélut a-t-il pu se fourvoyer à la
formule d'une déduction aussi peu sévère? Comment RIEN
peut-il produire *une sensation?*

remarquable au regard et qui vous arrive brusquement, vous traverse le corps, en vous secouant
des pieds à la tête. Des escarboucles resplendissantes
qui se posent à l'improviste au milieu de la chambre.

Comment, par une singulière logomachie, aime-t-il mieux
arguer de cet aphorisme boiteux : « L'existence d'un état in-
tellectuel, ESSENTIELLEMENT CONSTITUÉ PAR DE FAUSSES SENSATIONS,
et jusqu'à un certain point compatible AVEC L'EXERCICE DE LA
RAISON LA PLUS ENTIÈRE, quelquefois MÊME LA PLUS PUISSANTE »
(*l'Amulette de Pascal*, p. 356, par F. LÉLUT, *membre de l'Institut
de France*, etc. Paris, 1846), plutôt que de poser celui-ci,
n'eût-ce été qu'à titre dubitatif : Des modifications de l'état
nerveux paraissent amener des perceptions insolites, qui semblent naître d'une impressionnabilité plus exaltée que celle de
nos perceptions ordinaires?

« Nunquàm aliud natura, aliud sapientia dicit. » (Juvénal.)

Jamais un sage avis n'infirme la nature.

Le docteur Roche entre bien plus dans la vérité lorsque,
pour expliquer l'essence des névroses, il pense que ces maladies consistent dans l'accumulation du fluide nerveux; accumulation aussi réelle que celle du sang au parenchyme des
tissus enflammés, quoique non visible comme elle, parce que
le fluide nerveux se dérobe à la vue. Cette théorie élucide la
plupart des phénomènes les plus obscurs des névroses, comme
leur guérison subite par une vive impression morale, tandis
qu'elles avaient été rebelles pendant plusieurs années à toutes
les armes de la thérapeutique. (*Éléments de Pathologie médic.-
chirurg.*, par ROCHE et SANSON.)

Malgré l'édit des aliénistes, je déclare donc, en parfaite quié-
tude, avoir vu, *très-bien vu*, RÉELLEMENT VU tous les *objets* rappor-

Des scintillations qui vous entourent, vous approchent
et se profilent dans vos orbites. De douces figures gra-
cieuses qui viennent tendrement vous sourire (1), et
que vous reconnaissez pour celles d'âmes chéries,

tés dans ce cinquième paragraphe de mes conclusions. J'atteste
avoir entendu, *très-bien entendu*, RÉELLEMENT ENTENDU, comme
je l'indique, les bruits et les chocs très-sonores qu'il men-
tionne. Quantité de personnes, très-saines d'esprit et de corps,
sont dans le même cas, et s'octroient, en pleine justice, une
franche immunité d'hallucination.

En butte, pendant vingt-trois ans, aux ridicules dont le pour-
suivit Aristophane, Socrate n'en persista pas moins dans son
assurance, très-fondée d'après ce qui se passe aujourd'hui,
d'avoir des relations avec un être extraterrestre.

Le Tasse, malgré les efforts de l'amitié pour le dissuader,
soutenait de même qu'il conversait avec un de ces êtres mystérieux. Ces entretiens, que l'on s'obstinait à regarder comme
du délire, étaient admirables et n'avaient rien que la plus parfaite raison n'eût accepté, sauf l'invisibilité de l'interlocuteur
que repoussaient les railleries de l'incroyance. « Quelquefois il
questionnait, et quelquefois il répondait, et, par ses réponses,
je devinais le sens de ce qu'il avait entendu. Le sujet de sa
conversation était si élevé, et les expressions si sublimes, que
je tombai moi-même dans une espèce d'extase. Je n'osai ni
l'interrompre, ni l'importuner de questions, et sa vision dura
longtemps. Je fus averti que l'esprit avait disparu, lorsque le
Tasse, en se retournant vers moi, me dit : A l'avenir vous ne
douterez plus. — Dites plutôt, répondis-je, que je serai plus
incrédule que jamais, car je n'ai rien vu. » (*Notes historiques
sur la Vie du Tasse,* extraites des *Mémoires de Manso, marquis
de Villa,* publiés après la mort du poëte, son ami.)

(1) Trois jours de suite, Mme H*** (la voyante de Prévorst) se

disparues (je ne dis pas anéanties) par la mort. Des spectres cornus, faunes à jambes de bouc, mines grimaçantes et tàchant de vous terrifier, espèces de simulacres de diables, auxquels vous ne croyez pas, mais

sentit magnétiser par l'esprit de sa grand'mère, qu'elle apercevait seule. Mais sur l'attestation de témoins dignes de foi, plusieurs objets qui, peut-être, auraient pu lui nuire, une cuillère d'argent, par exemple, furent éloignés de son lit à travers les airs comme par des mains invisibles.

Elle fut prévenue, pendant deux jours consécutifs, par la vue d'un cercueil contenant le corps de son grand-père, de la mort prochaine de ce parent, qui mourut dans la semaine.

La voyante disait qu'une enveloppe nervique renferme l'âme, quand celle-ci quitte notre organisme. C'étaient ces enveloppes que Mme H*** avait la facilité de voir, sans devenir pour cela tout à fait étrangère à ce monde. Et les visions paraissaient beaucoup mieux à la clarté du soleil (*) ou de la lune que dans l'obscurité.

Les âmes, affirmait-elle, n'ont point d'ombre. Elles peuvent non-seulement parler, mais exhaler des gémissements, des soupirs, produire des frôlements de soie ou de papier, des coups sur les murs ou sur les meubles, des bruits de chaussures traînées sur le sol, etc. Plus les âmes sont souffrantes, plus les bruits qu'elles affectent au moyen de l'air et de leur esprit nervique peuvent être forts. Ces âmes habitent des régions plus ou moins élevées, suivant qu'elles ont plus ou moins bien vécu. Leurs fautes leur font une pesanteur morale qui les

---

(*) C'était aussi quand le soleil brillait sur la fenètre du Tasse qu'il distinguait mieux son visiteur familier.

4

qui naturellement ont leurs électro-typies (1) photo-
graphiées sur la trame de fantasmagorie universelle,
puisque l'homme en a composé les idéalisations, et que
la lumière astrale renferme toutes les images des pro-

retient près de la terre, comme la pesanteur matérielle y rete-
nait leur corps.

L'amélioration de leur sort est dix fois plus difficile pour elles,
dans ce monde aérien, qu'elle ne l'eût été durant leur séjour
parmi nous.

(1) C'est par cette électro-plastie que se produisent, pendant
la gestation, ces phénomènes bizarres, appelés vulgairement
signes de naissance, envies de femmes grosses. Chardel en cite un
fort curieux.

« J'ai vu, en 1831, dit-il, à la fête de Saint-Cloud, un singulier effet de l'action spirituelle sur une jeune fille, alors âgée
de dix-sept ans; elle portait écrits autour de la prunelle de ses
beaux yeux bleus les mots : *Napoléon, empereur*. Cette enfant
jeta loin d'elle, avec un geste impérieux, la loupe d'un obser-
vateur qui la fatiguait. » (*Psychologie physiologique*, p. 350, par
C. Chardel, conseiller à la cour de cassation, etc. 1844.)

J'en connais particulièrement un autre fait qui présente une
circonstance fort compromettante, de nos jours, pour sa valeur
historique. Je le confesse d'avance et hautement (car je ne renie
point le souvenir de mes convictions opposées), je n'aurais pas
publié cette *phénoménalité* (dans la crainte d'une superstition
bien involontaire), si, par l'application d'une physique avancée,
je n'en concevais l'explication naturelle.

Je crois positivement aujourd'hui, d'après mes expériences,
que rien n'existe sans un rayonnement fluidique. Je crois que
toute action de la vie, *action électro-puissantielle*, comporte
d'autant plus de force efficiente, qu'elle émane d'individus plus
élevés dans l'ordre des êtres; que ces individus agissent avec

créations humaines. Ou bien encore des bruits, des chocs de différentes résonnances, frappés sur les vitres, les murailles ou les meubles, avec une intention marquée et spontanément perçue par l'intuition. Bref,

plus de conscience déterminée ; que leur vouloir a plus d'énergie ; enfin que leur but est plus salutaire, — la nature se montrant partout éminemment conservatrice.

En partant de ces prolégomènes, je demande à tout magnétiste s'il reconnaît, au point de vue que je viens d'exposer, quelque chose en notre monde qui réunisse mieux ces qualités et leurs vertus, que *la foi* d'une mère pieuse... priant pour son enfant ! Si l'on m'accorde qu'il n'est point de magnétisme à comparer à celui-là, je puis déjà dire : sachez, quoi que le public prétende, mesurer l'essor vivifiant de la prière vraie et fervente. Ne vous étonnez plus des visions, des apparitions dans les cloîtres ascétiques, sans cesse en appel (en *invocation*) aux transports exaltés d'un mysticisme qui se noie en son délire. C'était de leur ferme croyance et de la fidélité de leurs pratiques religieuses que les anciens rois empruntaient leur pouvoir de guérir, que nous avons eu tort de révoquer. Non que je songe au retour de cet aveuglement de la foi ; mais je veux fixer l'attention sur les inconcevables résultats que des lumières bien dirigées doivent acquérir d'un bon usage de cette vérité.

Je reviens à mon anecdote.

Mᵐᵉ du B..., étant enceinte depuis peu de mois, alla passer quelque temps au château de ***, près d'Albert, en Picardie. Un jour, au sortir du dîner, elle se promenait au jardin, en compagnie de plusieurs personnes. Elle remarqua sur un groseiller rouge une belle grappe, qui lui donnait le désir d'y goûter. Mᵐᵉ du B... s'apprêtait à satisfaire ce désir ; mais la pensée qu'elle s'attirerait peut-être, sur sa situation, des plaisanteries qu'elle voulait éviter, lui retint la main, qu'elle porta

quantité de choses insolites, qui se familiarisent promptement avec votre aptitude inopinée à les comprendre; tous phénomènes très-changeants et qui surviennent à l'instant que l'on y songe le moins.

machinalement à son front comme quelqu'un qui se résigne avec regret. Les mois s'écoulèrent. Au terme de sa grossesse, Mme du B. , accoucha d'une fille très-bien conformée, sauf que le visage était imprimé de la malheureuse grappe, d'une très-vive couleur pourpre. La rafle commençait au milieu du front, descendait sur la joue gauche, qu'elle couvrait aux trois quarts de sa hauteur. C'était un masque affreux. Mme du B..., au désespoir que sa petite fille fût ainsi défigurée, entreprit une neuvaine et fit bénir les linges qui servaient à l'enfant. Au bout des neuf jours, la grappe n'était plus qu'une ombre de son apparence première : le reste s'effaça jusqu'au dernier vestige.

Avant de communiquer publiquement ce fait, j'ai dû peser, on le comprend, tout ce qu'il soulèverait contre lui. Je le maintiens, parce qu'il est positivement vrai. Mais amis me connaissent assez pour accepter sérieusement ma parole, dès que j'en affirme la teneur exacte. Quant aux détracteurs, qu'ils suspendent un moment leur décision, et, s'il est entre eux des hommes qui veuillent déchiffrer la loi physiologique de cette cure, au lieu de s'abandonner à l'ironie, qui ne détruit pas la réalité d'une chose réelle, et qui n'avance guère le progrès de l'intelligence, je leur dirai : Voyons ! lorsque vous voulez engendrer une idée, une œuvre artistique ou littéraire, un coup de négoce, un plan d'industrie, que faites-vous? Vous vous concentrez, vous appelez l'inspiration, et vous réfléchissez sur ce qui trotte aux chemins de votre cervelle. Analysons cela. Se concentrer, c'est rassembler son dynamisme sur un point central; appeler l'inspiration, c'est attirer à soi, de quelque part, un fluide, un souffle (inspi-

« 6° La présomption très-plausible, j'allais dire l'évidence, que ces corpuscules aériens, sphéroïdes animés, épanouissant ou rapetissant leurs dimensions, multipliant leurs diaprures, sont des points d'éma-

ratio); réfléchir, c'est réagir par son esprit sur ce qui nous ar-rive à l'imagination, cette faculté procréatrice des idées (*eidos*, image) au moyen d'un organe spécial, attractif des *élémentisa-tions* qu'il puise en un milieu tel quel. Toute cette besogne est une opération d'électro-magnétisme et d'électro-dia-magné-tisme. C'est en partie ce qu'a fait Mme du B...

Par une galvano-plastie interne, elle avait, dans l'appé-tence (*) du fruit du groseillier, typographié sa grappe sur la passivité du fœtus en train de se former. Ensuite, par une puis-sante électrisation dia-magnétique (contre-magnétique, ou de répulsion), irradiant des VŒUX, des prières, des regards, des attouchements de la jeune mère, ainsi que des linges *bénits* (ÉLECTRISÉS BIENFAISAMMENT *pour la disparition de l'image fâ-cheuse*), Mme du B... réussit à chasser, sous une couche d'es-tompe, l'édition QU'ELLE NE VOULAIT PAS.

Qu'apercevez-vous là qui choque la logique et le bon sens ? Est-ce que l'électricité dia-magnétique n'a pas le pouvoir de décomposer, de désagréger, comme l'électricité magnétique (ou d'attraction) a celui de rassembler et de composer ? Est-ce que (si vous croyez à l'âme, qui doit nécessairement séjourner quel-que part après avoir quitté le corps) ce dia-magnétisme ne peut pas agir simultanément par la coopération sympathique d'une âme invoquée, et par le pouvoir de la sollicitude maternelle ? Au lieu de mépriser un procédé si merveilleux, bénissez-le vous-mêmes, et réjouissez-vous de ses promesses pour la pro-gression de la race et pour la rédemption des peuples.

(*) *Appetere*, chercher à prendre.

nation et de réceptivité (1); monades sensibles, esprits vivants (2), ayant appartenu, selon toutes les probabilités, à notre habitation terrestre, dont ils partagent proportionnellement les affinités et les passions.

(1) Toute molécule, si réduite que nous puissions l'apercevoir, semble être encore une sphère des mondes infiniment petits. — Non-seulement elle a ses pôles d'attraction et de répulsion, mais chacun de ses imperceptibles composants subsiste par l'activité de tels pôles, et chaque diminutif d'individualité vit, en quelque manière, à sa petite fantaisie dans ces régions infimes, jusqu'à ce qu'une action de la volonté du monde au-dessus vienne les soumettre à son empire. Les reliements harmoniques, des minimes aux immenses univers, s'accomplissent dans cette analogie relative sur toute l'incompréhensibilité de l'infini. C'est ce qui faisait dire au coup d'œil philosophique de l'un des doyens de nos anciens médecins militaires, le docteur Réveillé-Parise : « Dans l'harmonie de la création, l'existence des inexprimablement microscopiques est une preuve de l'existence des indiciblement grands, élevés à leur plus sublime puissance d'expansion. »

(2) « En ce moment, une collection de faits dont le charlanisme s'est emparé, que la routine académique a dédaignée, et dans laquelle les esprits sans prévention ne peuvent faire encore avec certitude la part du vrai et du faux, le magnétisme occupe la place centrale où s'élèvera une science sublime, celle des rapports du monde des esprits avec le monde des corps.

« Alors la physique, la physiologie et la psychologie, étant unies par leurs bases, les grandes lignes de l'édifice unitaire seront définitivement tracées; il ne restera plus à innover que dans les détails. A l'ère confuse des sciences succédera l'ère lumineuse de la science.

« Et les divers compartiments de nos connaissances ne seront

« 7° La preuve relative que l'atmosphère, océan diaphane immensément peuplé, récipient actif d'inénarrables collectivités d'êtres, doit épandre, pour l'extrasensitivité des voyants, les clartés de ce foyer splen-

plus que les chapitres distincts de la doctrine universelle du fini et de l'infini, du ciel et de la terre, de l'esprit et des corps, de la nature et de l'histoire, du passé, du présent et de l'avenir, créée par l'homme à son éternelle gloire et pour son usage.

« Augurerons-nous trop de la puissance du temps où nous sommes, en pensant que le siècle ne passera pas avant que ce résultat sublime soit, je ne dis pas acquis, mais seulement entrevu? Il est certain, du moins, que tel est le but de l'investigation scientifique, et tôt ou tard elle l'atteindra.

« Alors la science cessera d'être la propriété exclusive du géomètre et de l'industriel, pour devenir l'inspiratrice de l'art, le flambeau de la foi, la source où s'abreuveront les sympathies généreuses, le flambeau où s'embraseront tous les enthousiasmes.

« Elle appellera les âmes rêveuses et tendres en même temps que les esprits positifs, ceux qui ont besoin de croire autant que ceux qui ont besoin de connaître, ceux qui cherchent des consolations comme ceux qui cherchent des triomphes, et les esprits s'en retourneront illuminés, les âmes fortifiées, les cœurs soulagés. » (L'Apostolat scientifique, t. I, p. 56 et 57, par VICTOR MEUNIER, rédacteur en chef de l'Ami des sciences. Paris, 1857.)

Une des belles expériences.tendant à propager l'adoption du spiritualisme est sans contredit celle que relate, parmi tant d'autres, une brochure très-intéressante :

« Le 24 juillet 1853, rue de la Chaussée-d'Antin, 5, autour d'une table qui a tout écrit au moyen de coups frappés pour chacune des lettres dont elle avait besoin, nous étions cinq

dide qu'ils nomment *soleil spirituel*, et les cabalistes *lumière astrale.*

« 8° La loi vitale, pour notre planète (1) et ses habitants, de fournir et de recueillir à l'occultisme de

hommes dont aucun ne s'est assez occupé de science pour pouvoir formuler une seule des définitions qu'on va lire. Quand la table a commencé de s'émouvoir sous nos mains, nous avons prié l'esprit qui l'animait d'écrire son nom. Il s'y est refusé. Nous lui avons alors demandé si, tout en gardant l'incognito, il voudrait bien répondre à des questions. Il a répondu : Oui. — Quel sujet il préférait? — Sciences. — Quelle partie? — Définitions.

« Pouvez-vous nous dire, avant chaque définition, en combien de mots vous la ferez? — Oui. — Définissez-nous *Eléments de philosophie.* — (Presque instantanément.) J'emploierai vingt-deux mots : Connaître l'organisme de l'homme, ses sensations, ses phénomènes physiques et moraux, ses rapports avec la cause ou Dieu, et avec ses semblables.

« — Définissez-nous *Electricité.* — Douze mots : Force directe de la terre émanant de la vie particulière aux mondes.

« — Définissez-nous *Magnétisme.* — Douze mots : Force animale, enchaînement des êtres entre eux, lien de la vie universelle.

« — Définissez-nous *Somnambulisme.* — Douze mots : Etat particulier de la sensation chez certains êtres organisés supérieurement aux autres.

« — Définissez-nous *Extase somnambulique.* — Trois mots : Transport somnambulique concentré.   « D***. »

(QUÆRE ET INVENIES, par M. G***, Paris, 1853.)

(1) Le même régime gouverne apparemment toutes les autres, sous la hiérarchie de domination de leur système solaire.

cette constellation discrète, la sœur de nos destinées, toutes les émanations électro-types de la marche et du progrès des temps.

« 9° Le pouvoir de l'homme d'y semer et d'y puiser, dans des limites et des conditions providentielles, *tout ce qu'il veut* (1), à sa charge de subir le reflet et la filiation de ses actes.

(1) « Tout l'imaginable existera, » répétait souvent Helvétius. Il avait raison. Il parlait comme un inspiré. Son langage était celui d'un initiateur.

Imaginer, c'est procréer. Et l'intelligence de l'homme n'a-t-elle pas déjà colonisé sur notre globe les métamorphoses d'innombrables procréations ? Agissez, agissez toujours ! Le mouvement, c'est le *logos* divin, c'est la puissance d'extraire de la quintessence universelle toutes les essences qu'elle distribue à l'infinité de forces répandues dans ses œuvres.

Une médecine qui date d'hier et qui grandira plus qu'elle ne le soupçonne, l'homœopathie, a savamment compris cette loi suprême et s'en est fait une des bases de son efficacité.

« Tout médicament recèle un principe spécifique, désigné en homœopathie sous le nom *d'esprit* ou de *miasme*, et qui n'est autre chose qu'un *impondérable* ayant la propriété *d'activer, ralentir* ou *pervertir,* dans l'organisme, le développement des fluides qui président aux actes physiologiques. » (GEORGES WEBER, *Dynamologie organique et thérapeutique,* p. 23 Paris, 1847.)

« Pour les uns, le principe actif des médicaments est de nature éthérée, impondérable, analogue aux fluides électro-magnétiques, mais différente dans chaque substance ; pour les autres, c'est un miasme, virus ou esprit, capable d'influencer

« 10° La notion de survivre au trépas, contendante des manifestations posthumes. Non qu'elles ne pullulent de substitutions apocryphes, qui n'en prouvent pas moins des êtres vivants ; car des cadavres ne parlent

directement la vie, c'est-à-dire que le médicament est envisagé comme perdant ses propriétés matérielles, et n'agissant qu'en vertu de quelque chose d'indéfini, d'immatériel. » (Georges Weber, *Etudes de Pharmacologie*, p. 21. Paris, 1851.)

Le mouvement développe l'électricité. Celle-ci, de plus en plus développée, augmente la vertu de l'agent. C'est ainsi que, par des sur-électrisations successives, chaque degré des ingrédients de plus en plus mouvementés est appelé *dynamisation*. Il est bon que les magnétistes ne demeurent pas étrangers à cet arcane, qui, pour les médecins, offre une ressource très-précieuse.

« On sait que dans le plus petit grain de matière il existe une quantité immense d'électricité. M. Becquerel, dans une des séances de l'Académie, confirmait dernièrement ce fait; il s'ensuit donc que, si l'électricité est la cause première de l'affinité et de la *médicalité*, il doit exister dans le plus petit grain de matière une immense quantité d'affinité et de médicalité; mais que, de même que pour produire des phénomènes chimiques de combinaison ou d'affinité, il est nécessaire de diviser la matière et de la rapprocher de l'état atomistique, de même, pour produire les phénomènes dus à la médicalité, il faut aussi se rapprocher de cet état.

« On peut donc en conclure que le rayon de la sphère d'action, soit d'affinité, soit de médicalité, augmente dans un rapport encore inconnu, lorsque la matière diminue de volume et se rapproche de l'atome.

« L'affinité et la médicalité proviennent, disons-nous, de l'électricité. Il est facile d'expliquer naturellement l'augmenta-

pas, ne racontent pas leur passé, ne divulguent pas leurs secrets. Et, puisque des pseudonymes peuvent, au delà du tombeau, se jouer de nos importunes crédulités, pourquoi de vrais amis ne sauraient-ils nous

tion de médicalité qu'acquiert la matière lorsqu'on produit sa division par des secousses réitérées ; il est évident que ces secousses produisent des frottements, et que ces frottements doivent modifier l'état électrique des molécules, des atomes, et, par suite, augmenter leur affinité et leur médicalité. » (*Lettre de* M. POUDRA, *professeur de physique à l'école d'état-major de Paris, au docteur* JAHR.)

L'avantage que présente en outre, à mon avis, la matière extrêmement divisée, c'est d'être ainsi plus favorable à l'accession d'une dose d'électro-magnétisme, intervenant à votre volonté, pour modifier l'agent comme vous le jugez convenable.

C'est de la sorte que je m'en sers. Elle devient, en mes mains, de la *dynamo-thérapie infinitésimale.* C'est une manière très-commode, non fatigante, de magnétiser une foule de malades plus ou moins énergiquement, selon qu'il le faut, et de ne pas s'astreindre au joug de la routine. Bien entendu que je m'adresse exclusivement aux médecins. Comme je ne fais que de la médecine gratuite, j'achète les médicaments chez un pharmacien homœopathe, et je les administre gratuitement, après les avoir actionnés comme je l'entends.

Laissez dire ceux qui prétendent que magnétiser ce n'est pas électriser, et demandez-leur ce que c'est que l'électricité.

« Quelle est donc la nature de ce singulier principe, qui devient tour à tour, suivant les circonstances, lumière, chaleur, puissance chimique, magnétique ou physiologique ? Est-ce un fluide matériel, impondérable, ou bien un mouvement vibratoire de l'éther, pouvant se partager en deux autres possédant chacun des propriétés physiques et chimiques opposées, et qui

témoigner de leur souvenir et de leur affection?

« Voilà ce que me paraissent, dans leurs principaux caractères, les merveilles du magnétisme. Leur portée morale se déduit aisément.

se neutralisent l'un l'autre? La science reste muette à cet égard, bien qu'elle ait déjà enregistré des milliers de faits qui nous font connaître la grande influence que cet agent exerce sur les phénomènes naturels. » (*Électricité,* par M. Becquerel, *Encyclopédie du XIXe siècle,* p. 314.)

« Ampère attribue le magnétisme à des courants électriques particulaires, c'est-à-dire circulant autour des molécules. Ces courants existeraient dans tous les corps sensibles au magnétisme. Dans les substances magnétiques à l'état neutre, les courants particulaires seraient dirigés ou orientés au hasard dans tous les azimuts et se neutraliseraient les uns les autres. L'effet de l'aimantation serait de ramener tous ces courants particulaires à marcher dans le même sens et dans des plans tendant au parallélisme. » (*Les Phénomènes de la nature,* par le docteur W. F. A. Zimmermann, t. 1er, p. 390.)

Dans cette hypothèse, magnétiser, ce serait s'emparer électriquement de toutes les *forces vagues* atomistiques d'un foyer quelconque, et, disciplinant leur influence propre, les soumettre à l'action maîtresse d'un courant central, pour lui fournir des faisceaux auxiliaires de dynamisme.

Les lamas du Thibet, à ce que m'a certifié M. l'abbé Huc ([*]), ont une telle spontanéité de cette puissance, qu'il leur suffit d'écrire le mot *kina* sur un morceau de papier, et de l'administrer en le roulant entre leurs doigts, pour que, dans une fièvre intermittente, le malade traité par ce mode homœopathique guérisse très-promptement.

([*]) Ancien missionnaire en Chine, auteur des *Souvenirs d'un voyage en Tartarie,* etc., et de l'*Empire chinois.*

« La pensée d'une existence impérissable est la plus grave leçon de la vie. Elle implique la garantie de la justice. Elle relie la nécessité du bonheur à l'indispensabilité du devoir. Effectivement, aux perspectives d'une carrière sans fin, l'adepte sait lire cette sentence équitable : SOLIDARITÉ !

« Mais, aux échos de la route, il sait entendre aussi ces exhortations réconfortantes : Courage au fond de l'abîme, pour le labeur et le mérite du relèvement ; — Patience à travers les épreuves, par l'assurance de la propitiation ; — Sécurité dans la paix de la conscience, qui constitue la force (1).

(1) Un axiome pour les vraies connaissances du magnétisme, c'est que l'âme pure, le cœur droit n'ont rien à craindre du mauvais emploi des forces magnétiques. Par son origine salutaire, la volonté, dès que l'on en fait usage, est un abri protecteur. Toujours le mal est soumis au bien, quand on le veut. J'en ai cité des faits exemplaires dans le précédent numéro.

« Toute action hyperphysique qui tend à contrarier le sens moral, en général, ne doit son efficacité qu'au trop peu de contrenitence de l'âme du passif. » (DELTADE, *Bio-Psychologie des mages primitifs,* p. 152.)

« *Non nocent, nisi ex debilitate animæ illorum, etc., prætereà neque fortibus viris, neque sapientibus talia nocent, etc., sed vilioribus.* » (CARDAN, de *Subtilit.,* l. 18.) Les maléfices n'atteignent leur but que par la faiblesse d'âme des victimes, etc.; c'est pourquoi les forts, les sages ne sont point attaquables ; ces indignités ne font leur proie que du commun des êtres.

« A l'abri d'une pareille égide, on reste sans crainte comme sans désespoir.

« Et cette égide, l'homme a l'obligation de s'en revêtir. Il est le chef des hôtes de la terre : à ce titre incombe la plus belle, mais en même temps la plus impérieuse mission, celle de contribuer au bonheur de tous, quelque modeste que soit le rang où l'on ait sa place.

« Pour cela, le premier soin de l'homme digne de ce nom doit être d'étendre le plus possible ses facultés de connaître, et, — s'imposant l'instruction de tout ce qu'il faut savoir, — de prendre à tâche d'y parvenir par le devoir de tout ce qu'elle commande. Jugez si les superstitions nous en facilitent l'accès.

« Toute activité, dans notre nature humaine, exige le concours de deux coopérateurs : l'esprit (1), la puissance ; le corps, l'instrument. L'esprit réside en notre âme. C'est le principe incompréhensible qui paraît posséder et développer les formes. Le corps, il n'est si mince parleur qui ne s'avise d'en traiter comme s'il en avait créé les lois et l'organisation. Pourtant les recherches de la science, déjà si magnifiques de conquêtes, montrent vis-à-vis de lui plus de réserve. On

(1) En latin, *mens*, du mot grec *Menos*, esprit, principe actif.

les accuse injustement de n'y voir que rouages et matière. Lisez les lignes suivantes de l'ouvrage monu-
mental de notre époque, et vous vous désabuserez de
ces déclamations.

« On reproche à la science d'être matérialiste ; c'est
une grande erreur. Cette imputation, qui serait grave
si elle était fondée, heureusement ne s'adresse qu'à
l'opinion inintelligente, et même encore bien peu mé-
ditée, de quelques-uns de ceux que l'on appelle savants.
Mais la science, qui n'est que l'application de l'esprit
de l'homme à l'histoire des œuvres de la nature, ne
peut mener qu'à la cause première de tous les êtres.
Loin donc qu'elle conduise au matérialisme, c'est elle,
au contraire, qui renferme les arguments les plus positifs en faveur du spiritualisme, et elle en fournira
d'autant plus à l'avenir, qu'elle sera mieux comprise
et plus avancée (1).

(1) Le docteur BOURGERY, *Traité complet de l'anatomie de
l'homme*, t. III, p. 34. Paris, 1844.

« Je viens de tracer, dit-il, le tableau des éléments de l'in-
tellect. Tout se déduit, en apparence, de ce mécanisme, qui
semble répondre à tous les cas. Eh bien ! ce tableau si satisfai-
sant pour la science est incomplet ; cette organisation si savante n'est point encore une organisation ; à tous ces instruments il manque un esprit moteur ; pour toutes ces activités
divergentes, on cherche en vain un centre de convergence où

« Le corps est un harmonieux organisme qui, de siècle en siècle, dévoile un de ses mystères, pour mieux nous amener à saisir combien la Providence a mis en nous toute voie de satisfaction.

« Son principal pivot consiste en deux systèmes nerveux.

« Le premier, indispensable à la fondation comme à la conservation de notre vie matérielle, est le système nerveux nutritif ou ganglionnaire. C'est la plus profonde retraite de l'âme ; c'est le seuil qu'elle quitte le

---

elles puissent se fondre dans l'unité. Ce qui manque enfin à tant de facultés éparses, ce n'est pas moins qu'un chef suprême de toute la hiérarchie intellectuelle. Or, ce principe supérieur existe ; il se déduit logiquement de l'harmonie intellectuelle, et se prouve par ses actes. Indispensable dans la théorie de l'organisme, on ne comprend pas comment, tour à tour invoqué, puis mis en oubli plutôt que nié, pendant plus de deux mille ans, de Platon à Sthal, il ne s'est pas toujours maintenu ferme et incontesté dans la science...

« D'après le témoignage réciproque et les concordances de toutes les notions que l'homme possède, l'âme assurément est un principe, et un principe différent de tout ce que nous avons reconnu jusqu'à lui...

« C'est de cette heureuse alliance de quelque émanation de l'âme avec les facultés intellectuelles, que paraissent résulter ces sens inestimables du *vrai*, du *juste*, du *bon* et du *beau*, sans lesquels l'organisation la plus savante des intérêts matériels ne suffirait pas pour maintenir l'ordre dans les sociétés humaines...

dernier, quand, au trépas, elle s'échappe de notre enveloppe terrestre.

« Le second est le système rachidien-cérébral, ou des fonctions de relations. Par lui, nous entrons en rapport avec les objets extérieurs. Sans tuer la vie, on peut détruire en partie ce système, pourvu que l'on en respecte l'axe incitateur. Des animaux ont vécu très-longtemps après qu'on leur eut enlevé la totalité du cerveau : seulement il leur fallait placer la nourriture au fond du gosier; l'animal avalait alors, et le reste de la nutrition s'effectuait au grand bénéfice de la santé.

« Enfin c'est de l'âme, comme de leur source commune, que découlent tous ces nobles sentiments, de quelque nom qu'on les appelle, la monnaie du cœur humain, les vrais trésors de l'homme, le sanctuaire de son bonheur et de sa tranquillité morale, et, au milieu des agitations et des tristes réalités de la vie, son refuge assuré, sans lequel il ne pourrait toujours supporter le poids de sa raison.

« Revêtue de facultés nouvelles pour des besoins d'un ordre supérieur, faite pour sentir bien au delà du terme où elle a cessé de comprendre, arbitre de ses actes, douée de la notion de son Créateur et de la conscience de sa haute mission, l'âme humaine se proclame le but final et le principe dominateur de l'organisme supérieur qui résume et commande tous les autres. » (BOURGERY, *Exposé philosophique du système nerveux*, p. 16, 17 et 33.)

J'ai voulu vulgariser ce bulletin de la science, afin de mettre en garde quelques magnétiseurs qui s'imaginent peut-être communier avec elle en refusant de croire au spiritualisme.

5

« Vous voyez là deux sources remarquables d'existence : la première, qui fait vivre le corps ; la seconde,
qui nous donne des moyens de communiquer intelli-
gemment avec le dehors. Disons tout de suite que,
dans bien des cas, les nerfs du premier système
peuvent suppléer ceux du second envers les fonctions
cérébrales ; tandis que jamais ceux-ci n'ont la propriété
de remplacer les autres.

« Les *centres* de ces deux systèmes (les plexus et leurs
ganglions, la moelle épinière et l'encéphale) paraissent
être des condensateurs, des magasins d'approvision-
nement du fluide vital, élaboré dans l'intricature des
organes ; fluide variable en ses qualités et ses spécia-
lités dans chacun des départements, chacun des petits
chefs-lieux, et même chacune des parcelles de notre
machine (1), et que les excitations de l'âme font agir
partout selon que de convenance.

« Les *filets* (les nerfs) sont les conducteurs électro-
magnétiques, reliant, embrassant jusqu'à la plus mi-
nime infimité corporelle, où leurs réseaux importent,
exportent inqualifiablement des quantités d'effluences,
correspondant à tous les actes du dedans au dehors et

(1) Tout confirme la pensée que notre organisme est une
des plus riches batteries électriques.

au dehors au dedans de notre individualisme si com-
pliqué.

« Mais ces filets, ces conducteurs, si simples en apparence, que sont-ils dans leurs linéaments?

« D'après le témoignage des faits, soit que l'on rat-
« tache leurs fonctions propres à eux-mêmes ou à leurs
« épanouissements périphériques, les nerfs seraient
« tous spéciaux; chaque nerf, et, sous ce nom, il faut
« entendre chaque filet, chaque fibre primitive, cha-
« que fibrille, non-seulement imperceptible à tous les
« instruments, mais même *à ce degré qui touche à l'in-*
« *fini*, serait en quelque sorte un être distinct, adjoint,
« dans un même cordon, à des milliers d'autres, entre
« eux plus ou moins analogues, différents ou étran-
« gers.

« Si cette distinction que j'établis est fondée, le nerf,
« en ce qui concerne ses fonctions propres, représente
« une collection de petits individus sensitifs, agglomé-
« rés sous une même enveloppe, pour cheminer avec
« les aqueducs vasculaires. Mais, au lieu que les vais-
« seaux sanguins et lymphatiques sont presque identi-
« qués pour leur texture et les fluides circulatoires qu'ils
« charrient, les nerfs, au contraire, sont *différents*, si-
« non absolument par leur structure, du moins *par les*

« *influences qu'ils transmettent.* Une comparaison com-
« plétera cette idée.

« Soit une voiture publique qui renferme un nom-
« bre de voyageurs. Tous se ressemblent et sont des
« individus isolés du grand organisme social; tous,
« en partant, sont compris sous une même enveloppe,
« dans un véhicule commun; mais là cesse l'identité.
« En effet, tous sont différents de mœurs, d'idées,
« de relations, de destination, en un mot, de fonc-
« tion sociale. Emportés d'abord dans une même
« direction, à mesure que la route s'avance, il s'en
« détache quelqu'un pour aller à un but connu de lui
« seul et ignoré des autres : celui-ci s'arrête bientôt;
« celui-là va plus loin; ces autres plus loin encore;
« ce dernier va jusqu'aux extrémités du monde ; voilà
« les nerfs...

« La spécialité d'incitation et de perception aurait
« sa cause dans le centre nerveux; la spécialité d'im-
« pression dans l'épanouissement périphérique. Entre
« les deux est tendu le nerf ou le cordon de commu-
« nication. Veut-on, pour cette conductibilité des
« nerfs, une comparaison empruntée d'une applica-
« tion scientifique toute récente? Soit le télégraphe
« électrique : des fils métalliques, séparés les uns des

« autres par une couche isolante, sont agglomérés en
« faisceaux : ici tout est identique, la matière, le vo-
« lume, l'agent de transmission ; la fonction seule, la
« signification donnée aux extrémités est différente,
« un avertissement à un bout, un ordre à l'autre, qui
« se partagent l'initiative selon les cas ; ce sont là de
« vrais nerfs artificiels, des nerfs du grand corps so-
« cial (1). »

« Instruits que vous êtes de la complexité très-multi-
ple des moindres fibrilles nerveuses, quand je vous
aurai dit que c'est de leur agglomération et peut-être
d'adjonctions inconnues que se forment les centres
condensateurs, ces chambres de la force vitale, ces
états généraux des serviteurs de l'esprit, vous ne douterez pas que ces grandes assemblées ne soient d'une
complexion bien plus infinie encore, attendu qu'elles
réunissent et coordonnent les innombrables filières de
tout le territoire corporel.

« Bornons-nous à parler du cerveau, parce qu'il est
l'intermédiaire de l'intelligence humaine en face des
univers. Ce qui le distingue et le sépare de ceux de la
chaîne bestiale, c'est qu'il se couronne d'une série or-

(1) BOURGERY, *Exposé philosophique du système nerveux*,
p. 9 et 10.

ganique transcendantale qui lui déploie les hautes
perceptions des meilleurs sentiments et des plus sublimes lumières, comme un phare divin sur les facultés abstraites de l'entendement. La raison de l'homme,
équilibrée dans l'expansion complète du jeu régulier
des appareils cérébraux, serait le règne normal de
notre prototype. Mais, à l'étape actuelle de notre humanité, si chacun a droit de revendiquer le libre exercice d'une universalité d'organes, combien d'entre
nous, sur le sommet des convocations spirituelles, ont
bien des places muettes, si ce ne sont même des places
vides, par le sommeil, ou l'absence des représentants
en défaut.

« Exercer un organe, c'est y lancer des impulsions
fluidiques, c'est en condenser toutes les forces que
l'on stimule et que l'on dirige ; en un mot, c'est l'ai-
manter, c'est le magnétiser.

« La persistance de cette opération, soit de transmission héréditaire ou d'habitude inconsciente, soit de dé-
termination de la volonté, conduit à des prédominances
facultatives qui peuvent devenir prodigieuses. C'est
une sorte d'*entraînement* analogue à celui des che-
vaux pour la vélocité de la course. Une fois dans le
courant, la fonction va toute seule, à la plus légère

incitation. La confiance acquise ou spontanée vous emporte sans obstacle, parce que les pôles virtuels (soit attractifs, soit répulsifs) de chaque molécule agissent dans leur vocation de coutume, ou dans le sens voulu d'un courant bien déterminé. Tel est la clef merveilleuse de la puissance de la foi *pour* ou *contre* (1).

« Tout marche donc admirablement, tant que l'on se tient dans les sentiers de prédilection ou sur les chemins routiniers; mais si tout à coup, s'avisant de se frayer passage en des contrées que l'on a laissées en friche ou dont on ignorait l'existence, on pense y procéder sans peine et sans résolution, oh! l'on se trompe beaucoup!

« Nous avons tous, en vertu de notre espèce humaine, le type organique *universel;* mais il est en

(1) En 1846, M. Faraday, constatant que le magnétisme agit sur tous les corps, mais de deux manières différentes, les uns étant attirés, les autres étant repoussés, consacra dans la science le mot *diamagnétisme,* pour distinguer le rôle de l'action de l'aimant sur les corps qu'il repousse. Par une initiative semblable, pour désigner, sous le mouvement de l'électricité de l'organisme, l'opération des phénomènes répulsifs, j'ai cru devoir me servir du mot *électro-diamagnétisme.*

A mon sens, toutes les électrolyses (les décompositions par l'électricité dynamique) sont des effets électro-diamagnétiques.

nous comme le germe est dans la semence; il faut qu'il se développe. N'espérons donc pas tout d'abord, des abruptes résistances, des âpres escarpements de tous les fanatismes, ce qui ne peut être que le travail d'une refonte et le résultat du progrès. N'importe; le magnétisme avance à pas de géant, sa cause est gagnée, et ceux de ses adeptes qui s'égarent, dans des efforts d'esprit, à nier ou repousser l'esprit, ne tarderont pas à s'apercevoir qu'ils s'escriment contre eux-mêmes. Nous traversons une de ces époques périodiques où le monde enfouit ses décrépitudes pour renaître d'un plus riche essor. Telle est la fin des temps que le vulgaire prend pour une destruction matérielle, et qui n'est, bien loin de là, que l'élargissement et la rénovation de la vie.

«Nous, spiritualistes, plus que jamais croyons à l'immortalité de l'âme; conservons la pensée pieuse du souvenir : elle nous rattache aux êtres chers qui nous précèdent à la tombe.

« N'est-ce point une superbe conquête que celle de ce nouveau positivisme, où nous voyons qu'en disparaissant d'ici-bas, nous ne faisons que changer de domicile, et que, selon nos actes, nous pouvons nous préparer de bons gîtes sur nos chemins posthumes ?

« C'est là ce sublime arcane où sont allés s'instruire
les législateurs religieux primitifs, et qu'ils ont transmis sous une révélation symbolique, appropriée aux
temps ainsi qu'aux pays, et seule capable alors de maî- .
triser une barbarie hors d'état de recevoir toute la vérité. Ce symbolisme, qui n'est plus nécessaire maintenant, a rendu d'éminents services. Il serait injuste
de l'accuser à sa naissance ; il serait criminel désormais de ne pas illuminer ses ruines, dernier refuge de
la superstition, et fragile piédestal du scepticisme.

« Les divers cultes reposent donc sur une science
mère ; ils commandent tout le respect et la tolérance ;
car ils sont de grandes chaînes magnétiques, reliant les
âges et les parentés de famille, de croyance et d'affec-
tions. Ce sont les rameaux d'un seul arbre qui s'élève à
Dieu.

« Tous les cultes ont eu leurs miracles (1), parce

(1) A cette occasion, on ne pourra lire qu'avec fruit l'extrait
que je transcris d'un ouvrage digne de confiance, par l'honorabilité générale et le caractère de son auteur.

« Vers le milieu du quatorzième siècle de notre ère, un pas-
teur de la contrée d'Amdo (*), nommé *Lombo-Moke*, avait dressé
sa tente noire au pied d'une montagne, tout près de l'ouverture

(*) L'une des gorges les plus tristes et les plus sauvages de Thibet.

que, sur le parcours de l'humanité, les nuits de ténèbres

d'un large ravin, au fond duquel serpentait, sur un lit rocailleux, un ruisseau assez abondant. Lombo-Moke partageait, avec son épouse *Chingtsa-Tsio*, les soins de la vie pastorale. Ils ne possédaient pas de nombreux troupeaux ; une vingtaine de chèvres et quelques *sarligues* ou bœufs à long poil étaient toute leur richesse. Depuis plusieurs années, ils vivaient seuls et sans enfants au sein de cette solitude sauvage. Lombo-Moke conduisait ses bestiaux dans les pâturages d'alentour, pendant que Chingtsa-Tsio, demeurée seule dans la tente, s'occupait à préparer les laitages, ou à tisser, selon l'usage des femmes d'Amdo, une toile grossière avec les longs poils des sarligues.

« Un jour, Chingtsa-Tsio, étant descendue au fond du ravin pour puiser de l'eau, éprouva un vertige, et tomba sans connaissance sur une large pierre où étaient gravés quelques caractères en l'honneur du Bouddha *Chakdja-Mouni*. Quand Chingtsa-Tsio se releva, elle ressentit une grande douleur au côté, et comprit que cette chute l'avait rendue féconde. Dans l'année de la *poule de feu* (1357), neuf mois après cet événement mystérieux, elle mit au monde un enfant que Lombo-Moke appela *Tsong-Kaba*, du nom de la montagne au pied de laquelle il avait placé sa tente depuis plusieurs années. Cet enfant merveilleux avait, en naissant, une barbe blanche, et portait sur sa figure une majesté extraordinaire. Ses manières n'avaient rien de puéril. Dès qu'il vit le jour, il fut capable de s'exprimer avec clarté et précision, dans la langue d'Amdo. Il parlait peu ; mais ses paroles renfermaient toujours un sens profond touchant la nature des êtres et la destinée de l'homme.

« A l'âge de trois ans, Tsong-Kaba résolut de renoncer au monde et d'embrasser la vie religieuse. Chingtsa-Tsio, pleine de respect pour le saint projet de son fils, lui rasa elle-même la tête, et jeta sa belle et longue chevelure à l'entrée de la tente. De ces cheveux naquit spontanément un arbre dont le

ont besoin d'éclairs pour découvrir le but du voyage.

bois répandait un parfum exquis, et dont chaque feuille portait gravé sur son disque un caractère de la langue sacrée du Thibet. Dès lors Tsong-Kaba vécut dans une si grande retraite, qu'il fuyait même jusqu'à la présence de ses parents. Il se retirait au sommet des montagnes les plus sauvages, au sein des plus profonds ravins, et passait les jours et les nuits dans la prière et la contemplation des choses éternelles. Ses jeûnes étaient longs et fréquents. Il respectait la vie des plus petits insectes, et s'interdisait rigoureusement l'usage de toute espèce de viande. »

Suit la continuation pittoresque de la sainteté de Tsong-Kaba, qui devint un des réformateurs les plus célèbres, et le fondateur d'une florissante lamaserie, appelée *Koumboum*, de deux mots thibétains signifiant *dix mille images*, par allusion à l'arbre qui, suivant la légende, naquit de la chevelure de ce saint, et porte un caractère sacré sur chacune de ses feuilles. Après ces détails, l'auteur ajoute :

« On doit naturellement s'attendre à ce que nous disions quelque chose de cet arbre. Existe-t-il encore? L'avons-nous vu? Qu'offre-t-il de particulier? Que faut-il penser de ses feuilles merveilleuses? Voilà tout autant de questions qu'on est en droit de nous faire. Nous allons donc tâcher d'y répondre autant qu'il nous sera possible.

« Oui, cet arbre existe encore; et nous en avions entendu parler trop souvent durant notre voyage, pour que nous ne fussions pas quelque peu impatients d'aller le visiter. Au pied de la montagne où est bâtie la lamaserie, et non loin du principal temple bouddhique, est une grande enceinte carrée, fermée par des murs en briques. Nous entrâmes dans cette vaste cour, et nous pûmes examiner à loisir l'arbre merveilleux dont nous avions déjà aperçu de dehors quelques branches. Nos regards se portèrent d'abord avec une avide curiosité sur les feuilles,

Les miracles d'autrefois imposaient la crainte et l'o-

et nous fûmes consternés d'étonnement, en voyant en effet sur chacune d'elles des caractères thibétains très-bien formés; ils sont d'une couleur verte, quelquefois plus foncée, quelquefois plus claire que la feuille elle-même. Notre première pensée fut de soupçonner la supercherie des Lamas; mais, après avoir tout examiné avec l'attention la plus minutieuse, il nous fut impossible de découvrir la moindre fraude. Les caractères nous parurent faire partie de la feuille, comme les veines et les ner- vures; la position qu'ils affectent n'est pas toujours la même, on en voit tantôt au sommet ou au milieu de la feuille, tantôt à sa base ou sur les côtés; les feuilles les plus tendres repré- sentent le caractère en rudiment et à moitié formé; l'écorce du tronc et des branches, qui se lève à peu près comme celle des platanes, est également chargée de caractères qui déjà commencent à germer; et, chose singulière, ils diffèrent assez souvent de ceux qui étaient par-dessus. Nous cherchâmes par- tout, mais toujours vainement, quelque trace de supercherie; la sueur nous en montait au front. D'autres, plus habiles que nous, pourront peut-être donner des explications satisfaisantes sur cet arbre singulier; pour nous, nous devons y renoncer. On sourira sans doute de notre ignorance, mais peu nous im- porte, pourvu qu'on ne suspecte pas la sincérité de notre re- lation

« L'arbre des *dix mille images* nous parut très-vieux; son tronc, que trois hommes pourraient à peine embrasser, n'a pas plus de huit pieds de haut; les branches ne montent pas, mais elles s'étendent en panache, et sont extrêmement touffues; quelques-unes sont desséchées et tombent de vétusté, les feuilles demeurent toujours vertes; le bois, d'une couleur rou- geâtre, a une odeur exquise et qui approche un peu de celle de la cannelle. Les Lamas nous dirent que, pendant l'été, vers la 8e lune, il produisait de grandes fleurs rouges d'une extrême

béissance brute, au profit du despotisme (1). Les mira-

beauté. On nous a assuré aussi que nulle part il n'existait d'autre arbre de cette espèce, qu'on avait essayé de le multiplier par des graines et des boutures, dans plusieurs lamaseries de la Tartarie et du Thibet, mais que toutes ces tentatives avaient été infructueuses. » (*Souvenirs d'un voyage dans la Tartarie, le Thibet et la Chine, pendant les années* 1844, 1845 *et* 1846, par M. Huc, prêtre-missionnaire de la congrégation de Saint-Lazare, t. II, p. 104, 105, 106, 113, 114 et 115. Paris, 1853.)

Ecoutez ce fait des plus curieux que le même auteur, M. l'abbé Huc, m'a raconté devant plusieurs personnes, fait qu'il tenait, disait-il, d'un vénérable Lama de la véracité duquel il répondrait.

Un autre Lama possède un tableau phénoménal. A le voir simplement, ce n'est qu'un morceau de toile grossière, recouvert de la peinture d'un paysage agreste. Mais lorsqu'on accroche ce morceau de toile à la muraille d'un lieu plongé dans la plus noire obscurité, la nuit, pendant la durée de la présence de la lune, tout à coup ce tableau magique offre une image fidèle et resplendissante du cours de notre satellite, en suivant ses phases très-exactement, et répandant, au milieu de l'endroit hermétiquement clos, une lumière égale à celle dont l'astre naturel brille au dehors.

(1) La placidité, l'abnégation, le dévouement du Christ s'élevèrent jusqu'à son immolation pour le salut de tous; mais les chefs de son Eglise marchèrent-ils toujours sur les traces du maître ? Est-ce la douceur du Saint-Esprit qui dictait des colères de l'espèce que nous a conservée le document qu'on va lire ?

EXTRAIT D'UNE BULLE DONNÉE AU CONCILE DE TROYES, EN 878, PAR LE PAPE JEAN VIII.

« S'il se trouve quelque opposant à nos décrets, nous reje-

cles de notre siècle, voire même ceux que l'esprit retardataire s'obstine à dire surnaturels, grandissent de tous côtés en nombre comme en qualités. Ils perfectionnent la raison qui ne refuse pas de les suivre dans leurs lois de haute nature; ils bonifient le cœur qui sait les comprendre; ils sont au profit de tous, par le bien-être qui peut résulter de leur étude et de leurs applications.

tons de la communion du corps du Christ, de la société de leurs frères, c'est-à-dire de l'assemblée des chrétiens, tous ceux qui auraient commis un tel crime. Nous les damnons et les excommunions par tous les anathèmes. Qu'ils soient maudits dans la cité, maudits dans la campagne! que le fruit de leur champ soit maudit! que leurs pensées, que leurs actions soient maudites! que le ciel au-dessus de leurs têtes soit d'airain, que la terre qu'ils foulent soit de fer! que leur prière devant Dieu se tourne en péché! Comme Dathan et Abiron, qu'ils aillent vivants dans l'enfer! Que tous ceux qui auraient communiqué et mangé avec eux, ou, sachant cette malédiction, auraient entendu volontairement leurs chants maudits, qu'ils soient les compagnons de Judas Iscariote, le traître qui a livré le Christ! Que leur eau se pourrisse, que leur vin s'aigrisse, que la rouille dévore leur pain, que le ver ronge leurs vêtements! Que faut-il de plus? Que toutes les malédictions du Nouveau et de l'Ancien Testament s'accumulent sur eux jusqu'à ce qu'ils aient apaisé convenablement l'Eglise par une pénitence digne de leur crime! »

Ces imprécations, reliquat du plus barbare paganisme, subsistèrent dans les actes ecclésiastiques jusque vers le milieu du quatorzième siècle.

« Je termine par un dernier échantillon de thau-
maturgie où vous retrouverez une confirmation sur-
prenante de ce que serait susceptible d'atteindre la
constance de notre pouvoir :

« A Baroche, dit le voyageur Tavernier (1), les
« Anglais ont un fort beau logis, et je me souviens
« qu'y arrivant un jour, en revenant d'Agra à Surate, .
« avec le président des Anglais, il vint aussitôt des
« charlatans (2) lui demander s'il voulait qu'ils lui
« montrassent quelques tours de leur métier : ce qu'il
« eut la curiosité de voir.

« La première chose qu'ils firent fut d'allumer un
« grand feu, et de faire rougir des chaînes de fer dont
« ils s'entortillèrent le corps, faisant semblant qu'ils
« en ressentaient quelque douleur (3), mais n'en re-

(1) *Voyages en Turquie, en Perse et aux Indes,* 1679. Tavernier était de Paris ; il mourut en Russie, en 1689. « Ces *Voyages*
« sont regardés comme parfaitement véridiques et sont remplis
« de détails curieux. » (BOUILLET, *Dictionnaire universel d'histoire et de géographie.*)

(2) Dans l'origine, ce mot n'était pas synonyme de *fourbe*. Il
vient du mot italien *ciarlatano*, dérivant de *ciarlare*, parler
beaucoup. En philosophie magnétique, cette signification est
d'un grand sens, si l'on n'oublie pas que la parole est une
principiation.

(3) Il paraît que, pour ces phénomènes d'insensibilité, l'âme,

« cevant au fond aucun dommage. Ensuite, ils prirent
« un petit morceau de bois, et, l'ayant planté en terre,
« ils demandèrent à quelqu'un de la compagnie quel
« fruit il voulait avoir. On leur dit que l'on désirait
« des mangues (1), et alors un de ces charlatans, se
« couvrant d'un linceul, s'accroupit contre terre jus-
« qu'à cinq ou six reprises. — J'eus la curiosité de
« monter à une chambre pour voir d'en haut, par une
« ouverture du linceul, ce que cet homme faisait, et
« j'aperçus que, se coupant la chair sous les aisselles
« avec un rasoir, il frottait de son sang le morceau de
« bois. A chaque fois qu'il se relevait, le bois croissait

agissant sur son expansibilité, la refoule et la condense dans
les principaux centres du système nerveux ganglionaire. C'est
un refoulement analogue qui s'opère par l'intromission d'un
fluide étranger, soit d'un magnétiseur, soit d'une force astrale,
sous l'empire desquels surviennent le somnambulisme et ces
singuliers changements que l'on nomme transpositions des
sens. Dans ce cas, ils ne seraient véritablement point transpo-
sés ; leurs organes de perceptions restent toujours dans le cerveau ; mais les moyens d'y parvenir ont seuls varié. Ce sont
les nerfs du système ganglionaire qui, par leurs anastomoses
(abouchements) avec le système cérébral, y deviennent les
conducteurs suppléants.

(1) Fruit du *manguier*, arbre de dix à douze mètres de hauteur, qui produit des fruits rafraîchissants, très-savoureux et
très-recherchés dans l'Inde.

« à vue d'œil, et, à la troisième, il en sortit des
« branches avec des bourgeons. A la quatrième fois,
« l'arbre fut couvert de feuilles, et, à la cinquième,
« on lui vit des fleurs.

« Le président des Anglais avait alors son ministre
« avec lui, l'ayant mené à Amadabad pour baptiser un
« enfant du commandeur hollandais, et dont il avait
« été prié d'être le parrain ; car il faut remarquer que
« les Hollandais ne tiennent point de ministres que
« dans les lieux où ils ont ensemble des marchands et
« des soldats. Le ministre anglais avait protesté d'abord
« qu'il ne pouvait consentir à ce que des chrétiens as-
« sistassent à de semblables spectacles ; et dès qu'il eut
« vu que, d'un morceau de bois sec, ces gens-là fai-
« saient venir, en moins d'une demi-heure, un arbre
« de quatre ou cinq pieds de haut, avec des feuilles et
« des fleurs comme au printemps, il se mit en de-
« voir de l'aller rompre, et dit hautement qu'il ne
« donnerait jamais la communion à aucun de ceux
« qui demeureraient davantage à voir ces choses. Ce-
« la obligea le président de congédier ces charlatans. »

« C'est dommage que la peur du diable ait arrêté
ces mangues en si beau chemin. Est-ce que véritablement vous ne croyez pas au diable ? me demande-

ra-t-on. Pour ma péroraison, je déclare, une seconde
fois, que je l'ai vu, mais que je ne crois point à son
existence comme on l'entend généralement. Je crois en
Dieu, c'est vous dire que, pour moi, son principe né-
gateur n'est qu'une mauvaise parade. Avez-vous vu
des fantasmagories? Vous ont-elles empêché de dor-
mir? Oui! Vous devez alors repousser ce spectacle et
commander à ses histrions de se retirer.

« Saluons avec respect et reconnaissance la Toute-
Puissance Créatrice ; livrons au bien toutes les forces
qu'elle nous accorde ; purifions, embellissons la terre ;
éclairons, perfectionnons l'entier développement de
son *Adam*, l'homme *universel* (1) : nous agrandirons
son pouvoir et son bonheur.

« Dᴿ CLEVER DE MALDIGNY.»

Nous avons fait un très-large emprunt aux convic-

_____

(1) Le sens propre du mot hébraïque *Adam*, sens conservé
par la version samaritaine, ne signifie pas l'*homme*, mais l'*être
universel*.

« Moïse, dit Fabre d'Olivet, ne tombe point ici dans l'erreur
« moderne, qui fait de nous un genre particulier dans le règne
« animal; mais, après avoir terminé tout ce qu'il voulait dire,
« et sur le règne élémentaire, et sur le règne végétal, et sur le
« règne animal, il passe à un règne distinct et plus élevé,

tions d'une œuvre consciencieuse, et pourtant nous réitérons nos regrets de n'avoir pu l'insérer *in extenso*. Nous engageons à la lire (1) toutes les personnes désireuses d'envisager sérieusement un tel sujet. Dans l'article où nous avons puisé, pas une expérience, pas une observation, pas un mot n'est à retrancher : tout s'y montre d'une probité d'étude et d'une simple volonté d'exprimer le vrai, quel qu'il paraisse, qui n'en sont pas la moindre instruction.

Si, comme le croit, l'explique et le démontre pertinemment le docteur de Maldigny, l'atmosphère est l'immense et vivant réservoir des éléments plus ou

« qu'il nomme *Adam, l'universel.* » (*Notes sur les versions littérales de la Cosmogonie de Moïse.*)

Le règne adamique, autrement dit le règne de l'*universalité* de notre être, dans la parfaite possession de son type fondamental, n'est encore, il faut en convenir, qu'en bien faible voie d'ébauche.

(1) *Journal du Magnétisme*, nᵒˢ 12, 13, 14 et 15, année 1857. Nous profitons de cette indication, quoique tardivement, pour prier ceux de nos lecteurs qui se récrieraient sur les choses et le langage d'un genre d'écrit plus que bizarre pour eux peut-être, de considérer qu'il provient d'une *Revue* spéciale s'adressant à son public, non composé de cerveaux malades, ainsi que l'on se plaît à l'insinuer, mais de calmes observateurs étudiant l'étiologie, le mécanisme et l'analyse de phénomènes trop inconnus des gens du monde, et plus encore de la classe dite des savants.

moins impondérables des compositions et décompositions terrestres ; si, comme le docteur le croit, l'explique et le démontre aussi, la pensée humaine émet,
applique, dirige, *insciemment* ou *sciemment*, l'activité
d'un des aimants les plus complexes et les plus forts
que nous connaissions, nous ne devons plus nous
étonner : 1° du mécanisme et de la réalité de tant de
phénoménisations, dites à tort *surnaturelles ; 2°* de *l'impossibilité relative* de les voir et de les produire en
présence et par le fait des incroyants et des négateurs,
impossibilité relative d'autant plus grande et plus difficile à surmonter, que le nombre et l'acharnement de
ces négateurs sont plus actifs et plus considérables. En
effet, ainsi qu'il appert aujourd'hui, d'une part nous
ne consignons là qu'une opération électro-magnétique ;
de l'autre part, l'opération devient électro-diamagné-
tique, c'est-à-dire électro-répulsive. Dans le cours de
ce mémoire, nous aurons lieu de présenter d'autres
exemples authentiques de cette vérité.

Nous citerons cependant encore, avant de passer
outre, l'opinion d'un savant étranger, le docteur Fré-
déric Roessinger, de Genève, qui communie avec notre
manière de juger.

« L'univers, dit M. Roessinger, se divise en deux

substances distinctes, douées d'attributs physiques et *moraux* diamétralement opposés.

« L'une de ces substances est matérielle et forme la base ou l'étoffe de tous les corps ; c'est cette substance essentiellement douée de plasticité ou de force cohésive, condensatrice, qu'on appelle matière (1).

« L'autre de ces substances est immatérielle, c'est-à-dire qu'elle n'est pas douée de la force plastique, et par conséquent qu'elle n'est pas susceptible de se condenser pour former des corps matériels, solides ou liquides ; puisque, au contraire, cette substance immatérielle possède une faculté répulsive (2), dilatante ou expansive, d'autant plus grande qu'elle se trouve plus concentrée. C'est cette substance immatérielle que j'appelle *fluide électrique*. Les anciens l'ont appelée *éther, feu élémentaire, âme du monde,* etc.

---

(1) C'est cette force plastique essentiellement absorbante ou centripète qui constitue l'attraction, attribut physique essentiellement propre à la matière, et que plusieurs philosophes, qui ne sont pas parvenus à en donner une explication satisfaisante, ont trouvé plus convenable de taire ou de nier. Cette force incontestable s'effectue par l'intermédiaire de la substance immatérielle comme une nécessité physique.

(2) Comme les anciens l'avaient déjà fait, Franklin et OEpinus ont fait de cette action physique essentiellement répulsive la base fondamentale de leur système.

« Plus tard on a appelé cette substance *calorique latent*. Ce *fluide électrique,* ou substance immatérielle qui remplit tout l'univers, est continuellement absorbé et exhalé par la partie matérielle de tous les corps, et ce sont ces doubles et continuelles absorptions et exhalations du fluide électrique par la matière des différents corps (comme une condition indispensable de son existence) qui constituent la circulation universelle, d'où résultent tous les phénomènes de l'univers (1). »

Voilà, monsieur, une partie des faits et des raisonnements qui nous ont converti; à vous d'en apprécier la valeur. Ils ont été pour nous le seuil du temple de la vérité, et, si nous sommes encore bien loin du sanctuaire, chaque jour, chaque heure, chaque minute cependant nous font pénétrer plus avant dans l'édifice.

Nous le sentons, dès qu'on est entré dans ce chemin, on ne peut plus, on ne doit plus s'arrêter... Et c'est, nous en avons la certitude, ce qui n'est pas loin d'arriver à l'humanité, quand, se débarrassant des erreurs qui l'enchaînent encore, elle aura bien compris que, dans l'étude de l'homme et de ses rapports, elle doit

(1) Coup d'œil physiologique et médical sur les forces vitales, etc., par *F. Roessinger,* docteur en médecine. Berne, 1839.

trouver le mot des mystères d'autrefois, complément final de ses conquêtes.

En effet, une fois initiée aux splendeurs du spiritualisme, nul obstacle ne pourra plus l'entraver dans sa marche. Eclairée par la science, elle concevra que, sans la bienveillance et la foi, elle risquerait de perdre le fruit de ses labeurs au souffle de l'égoïsme et du scepticisme; elle concevra qu'elle doit non-seulement transformer et perfectionner la matière, mais aussi cultiver et rendre féconde la puissance presque généralement méconnue de l'esprit.

Au surplus, si vous n'êtes pas de ceux qui considèrent le Christ, les apôtres et tant de personnages de l'Ancien et du Nouveau Testament, comme des fous et des hallucinés (1); si vous n'êtes pas de ceux qui soutiennent que le plus sage des hommes de l'antiquité, Socrate, était un maniaque et un imposteur;

(1) « Les prophètes étaient, dit M. Leuret, dans la même situation d'esprit et de corps que nos malades, et parmi eux plus d'un a été jugé par ses contemporains ce qu'il était réellement. Car, ainsi que le fait observer saint Augustin, du temps qu'Elisée était en Judée, ni lui ni les autres prophètes n'étaient plus respectés par la plus grande partie du peuple, qui les regardait comme des insensés. Leurs paroles et leurs actions témoignaient en effet et jusqu'à *la dernière évidence que le peuple ne se trompait pas.* » (LEURET, *Frag. psych.*, p. 273.)

si du même coup, vous n'envoyez pas aux Petites-
Maisons Zoroastre, Pythagore, Numa, Brutus, Julien,
et nous osons dire presque tous les génies les plus réellement supérieurs des temps antiques; si vous ne par-
tagez pas l'opinion de ceux qui considèrent Jeanne
d'Arc comme une intrigante au cerveau dérangé; si
vous admettez que Shakspeare était un homme raison-
nable; si vous vous êtes quelquefois étonné de voir
Emmanuel Swedenborg, cet esprit plein de science et
de logique, perdant tout à coup le jugement sans
aucune cause apparente; si, jetant les yeux autour de
vous parmi les contemporains, vous trouvez, au nombre de ces gens que vous ne craignez pas de qualifier
d'aliénés, des hommes dont notre époque est fière et
dont vous admirez vous-même les hautes conceptions,
des hommes dont la supériorité ne saurait vous être suspecte (1), alors vous y regarderez à deux fois avant de
vous prononcer définitivement sur une question aussi
délicate, et (pardonnez-nous, monsieur, il n'y a pas de

---

(1) Le plus grand poëte de notre époque, que les événements
et nos malheureuses discordes politiques ont jeté loin de sa
patrie, est un des plus fervents apôtres de cette foi nouvelle,
appelée à répandre, même chez les intelligences les plus hum-
bles, les preuves facilement acceptables des dogmes anciens
dont elle est la confirmation et la conséquence.

honte à ignorer des choses dont on ne s'est pas occupé) que vous connaissez si peu.

Ce qui ralentit l'essor du progrès, ce qui fait souvent douter de lui, ce qui le fait anathématiser par certains *myopismes* philosophiques, ce qui le rend suspect à nos théologiens qui en sont presque tous effrayés, c'est que, jusqu'à présent, le travail accompli par lui a été purement mécanique, et que pour le porter à son *nec plus ultra,* la plupart de ses partisans se bornèrent à ne le considérer que dans ses œuvres exclusivement terrestres.

Préoccupés du soin de transformer, d'embellir notre terre, les deux siècles précédents, ainsi que la première moitié du nôtre, semblaient avoir perdu les notions de la part inaliénable qui revient à la spiritualité humaine. Ces notions existaient toujours, puisque leur perte complète entraînerait à tout jamais la déchéance du règne hominal, entièrement animalisé par cette perte ; mais elles n'existaient plus qu'à l'état latent. La déviation sacerdotale avait elle-même trop souvent prouvé qu'elle n'avait plus guère confiance dans nos destinées futures.

Le nombre des vrais croyants était si petit, qu'il passait inaperçu dans la foule.

Le combat incessant contre la matière se multipliant

à l'infini sous le grondement des roues, le grincement des scies, le fracas des marteaux, les craquements des montagnes qui s'effondraient, les crépitements des fourneaux qui s'allumaient, les hurlements des bêtes fauves que l'on traquait, les clameurs des peuples qui brisaient leurs chaînes, les chants d'allégresse des vainqueurs, les plaintes désespérées des victimes, ce combat gigantesque étouffait les accents des voix intérieures. L'hymne de la délivrance toute matérielle était la seule prière inconsciente qui montât vers le ciel. Devenue adulte, la terre était en travail d'enfantement ; chacun était sur pied pour la secourir ; chacun voulait le premier entendre annoncer la bonne nouvelle. Toutes les ardeurs de l'intelligence s'étaient réunies dans l'effort physique nécessaire à des bras qui prétendaient soulever un monde.

Puis, insensiblement, à force de constater l'étendue de sa puissance, certains philosophes en étaient arrivés à ne plus reconnaître d'autre force intelligente que celle de l'homme matériel.

Le résultat inévitable était ce qu'on appelle le *matérialisme*.

Il devint presque général, à la suite de cette période de déchirements et d'agitations de toutes natures.

Aujourd'hui que la famille humaine presque entière
est encore atteinte de cette épidémie, n'est-ce pas afin
de la ramener au culte simultané de l'esprit, qui seul
peut la conduire à son développement, que les manifestations extraordinaires sont en si grand nombre
depuis quelque temps? Nous le pensons.

Partout une réaction s'annonce, beaucoup de nos
savants la proclament, souvent à leur insu et sans
assigner de date à son avénement.

M. Victor Meunier (1), qui certes ne sera pas accusé
d'*hallucination*, s'exprime ainsi dans le premier volume
de ses *Essais scientifiques* :

« Il faut dire aussi que l'homme ne se connaît pas
encore tout entier. Par cela seul que l'humanité encore
éparse tend vers l'unité, on peut dire qu'elle n'est pas
née. Toutes les analogies indiquent, et plus d'un fait
atteste, que sa naissance sera signalée par la manifestation de facultés qui l'élèveront au-dessus de son état
présent, autant que l'enfance est au-dessus de la vie
fœtale. Ce sera cette « révélation de la révélation »
qu'annonçait de Maistre. »

(1) Rédacteur en chef de l'*Ami des sciences*, déjà cité p. 54,
note 2.

Et ailleurs : « *C'est par l'étude du principe psychique que l'unité se fera.* »

Le magnétisme paraît être une des premières lueurs de cette nouvelle phase de l'activité humaine.

Avant-coureur en même temps qu'instrument de la réhabilitation universelle, vulgarisé vers la fin du siècle passé par des praticiens qui eurent le courage de le soutenir pendant de longues années, malgré les persécutions acharnées d'une époque trop matérialiste pour comprendre le sens et la portée d'un aussi puissant arcane, il vint prouver aux hommes la spiritualité de leur être.

S'appuyant sur des données qui semblaient toutes nouvelles, quelques interprètes hardis de cette révélation moderne osèrent élever la voix pour proclamer avec les Écritures que l'homme est un esprit incarné, et que cette vérité, ainsi que bien d'autres enseignements de la révélation que les théologiens nous ordonnent de croire sans chercher à les comprendre, allaient bientôt trouver un oracle qui les expliquerait scientifiquement.

Les incroyants doutèrent; les croyants timorés tremblèrent...

Les premiers craignaient, en réveillant la foi religieuse, de retomber dans la servitude sacerdotale, à laquelle ils venaient d'échapper avec tant de peine; les seconds, se défiant d'une science encore au-dessus de leur intelligence, redoutaient de lui voir porter une main sacrilége sur l'arche sainte de leur culte.

Les uns et les autres avaient tort, déjà nous sommes aujourd'hui à même de le constater.

Le magnétisme et la croyance à l'esprit sont et seront les deux plus grandes glorifications de notre ère, et de plus, l'un et l'autre vont devenir bientôt les plus puissants auxiliaires du progrès humain.

En effet, monsieur, ce qui ramène à la cause première doit infailliblement produire la liberté et le bonheur.

N'est-elle pas elle-même le principe de la vie et conséquemment de l'activité éternelle? N'est-elle pas à la fois mouvement et charité?

Mais si l'on veut arriver à la terre promise depuis tant de siècles, si l'on veut déchirer jusqu'au dernier lambeau du voile qui couvrait le vieux temple de Jéhovah, il faut nécessairement vaincre par l'évidence certains scrupules et certaines timidités qui ont eu leur temps; surtout ne rien exclure, ne rien condamner trop légèrement; accueillir la lumière de quelque point de l'horizon qu'elle vienne; ne repousser personne et tendre à toute erreur une main généreuse.

L'œuvre du spiritualisme est d'éclairer toutes choses, en délivrant de leurs ténèbres les restes de la superstition *qui s'obstine à penser qu'il existe ici-bas du surnaturel.*

Ne perdons pas de vue que cette *communion des saints*, dont parle le Symbole, est une chose aussi naturelle que notre existence présente, puisque, pour nous édifier sur l'usage des organes de la vie infime, Dieu nous a aussi donné les organes de la vie supérieure.

Que ceux qui pensent le contraire nous apprennent pourquoi l'homme porte sur la tête les facultés de l'idéal et du merveilleux !

Aurions-nous donc reçu des organes inutiles? Est-ce pour nous rendre fous que nous en sommes pourvus ?

Mais, direz-vous, c'est là de la phrénologie : oui, monsieur, et la phrénologie est, comme le magnétisme, sur la voie de la vérité, bien qu'on nie le magnétisme et la phrénologie.

Nous sommes conviés, dès cette vie, à participer aux immuables secrets de l'univers, et, comme dit M. Eu-

gène Huzar dans son ouvrage si digne d'être médité,
l'Arbre de la science :

« Renonçons pour jamais à conserver une signification surnaturelle à aucun mot, et croyons que sous
ces voiles mystérieux se trouve une vérité, une réalité
objective dont le sens peut être précis, et qui peut
tomber sous le domaine de la raison pure.

« Voyons donc dans les mystères des vérités objec-
tives cachées sous un sens allégorique.

« Faisons de même pour les dogmes, dégageons-les
de leur sens mystérieux, et rendons-les à leur véritable
sens, à leur sens réel, pur, et nous verrons que sous
ces mystères, ces miracles, ces dogmes, dégagés de
leur prestige, nous trouverons, nous apprendrons
quelques grandes vérités que les voiles sacrés de la
religion savaient nous dérober.

« Préceptes, sacrements, dogmes, tout donc a sa
raison d'être. Je ne vois rien là dedans de surnaturel;
le surnaturel est une entité de notre esprit qui n'a sa
raison d'être que dans la faiblesse de notre intelligence
à comprendre les grandes choses de la religion.
Quand notre esprit ne peut comprendre une chose, il
dit : C'est un mystère; il devrait plutôt dire : Il n'est
point donné encore à ma raison de me rendre compte

de ce fait ; plus tard, quand mes connaissances seront plus développées, je le comprendrai, car il n'est aucun mystère que l'homme ne parvienne un jour à s'expliquer.....

« Tout a sa raison d'être dans la nature, et il ne peut y avoir dans le monde que des faits naturels.

« Ne dites donc plus : C'est un mystère qu'il n'est pas donné à ma raison de comprendre ; dites : *C'est un fait naturel que ma raison n'est pas parvenue encore à expliquer.* »

Nous l'avons dit plus haut, l'agent qui devait nous conduire à constater l'existence des forces spirituelles était le magnétisme. Mais, nous venons de le dire aussi, ce ne fut pas sans peine que quelques hommes généreux parvinrent à le vulgariser vers la fin du siècle passé.

Aujourd'hui sa cause est à peu près gagnée. Toutefois, bien que la démonstration de sa puissance ait pénétré dans les masses du peuple, peu de gens du monde encore en acceptent la réalité. De ceux qui n'ont rien pu voir ni rien pu faire, cette résistance n'a pas trop lieu d'étonner ; le plus bizarre, c'est l'incroyance des réfractaires qui non-seulement ont reçu d'un tel pouvoir les preuves les plus irrécusables et

dans les circonstances les moins équivoques, mais qui
même, si l'esprit humain n'était pétri jusqu'à présent
de contradictions, auraient dû se convaincre par les
faits de leur propre expérience. Puységur en cite cet
exemple :

« Quoique je me sois imposé la loi de ne nommer
aucune des personnes qui, pendant deux mois, sont
venues successivement chez moi se rendre acteurs ou
témoins de mes expériences, je crois pouvoir cependant sans indiscrétion en nommer une chez qui s'en
fit une des plus remarquables. M. le baron de Besenval
m'avait écrit pour me témoigner le désir que je me
rendisse un soir avec ma somnambule chez M. Mitouard, pharmacien célèbre et savant chimiste. Il y
avait une assemblée nombreuse dont je ne connaissais
que fort peu d'individus ; après avoir exercé avec ma
bonne foi accoutumée les facultés électro-magnétiques
de Magdeleine, et m'être fort bien aperçu qu'on appor-
tait peu de foi à leur réalité, je priai M. Mitouard
lui-même de vouloir bien, pour un moment, supposer vrai ce que je ne pouvais lui persuader : Quand
même, lui dis-je, il y aurait quelque mystère à ce que
je vous propose, et que les faits que vous venez de
voir tiendraient à une cause différente que celle que je

7

vous annonce, il sera toujours curieux pour vous, dussiez-vous ne pas deviner pourquoi, de voir cette fille agir d'après votre seule pensée; mais dirigez-la bien, et veuillez fortement son exécution. M. Mitouard y ayant consenti, il fit part à quelques personnes en secret de ce qu'il allait mentalement exiger de la somnambule; et ce préliminaire, qui m'assurait de la direction fixe de sa pensée, ne me laissa pas de doute sur le succès de l'expérience. Ayant donc mis cette fille en communication avec lui, je la laissai à son entière disposition et me retirai dans un coin de la chambre. M. Mitouard, après l'avoir fait marcher et s'asseoir, lui avoir fait prendre différents objets tant sur la cheminée que sur les tables, ce qui, d'après la promptitude avec laquelle elle obéissait à ses intentions, me faisait juger de la fermeté de leur direction, s'arrêta; et, debout devant elle, sans faire aucun mouvement, il demeura profondément recueilli. Dans l'instant la somnambule porte la main vers une poche de son habit, y pénètre jusqu'au fond, et en rapporte trois petits clous à vis qu'il y avait mis, et qu'il avait eu en effet l'intention qu'elle y allât prendre... L'étonnement de M. Mitouard, et l'assurance que chacun avait de l'exécution de sa pensée, imposèrent pour le moment à l'incrédulité; mais bientôt les *comment se fait-il? cela est incroyable, cela est impossible*, arrêtèrent, j'imagine, la suite des réflexions que chacun dut faire, car depuis je n'en ai plus entendu parler (1). »

Peut-on davantage avoir l'aveuglement du parti pris et de la prévention moutonnière? Et remarquez que sur vingt expériences faites actuellement dans de semblables conditions d'honorabilité, il y en a quinze au moins qui ont le même résultat !

Vous voyez, monsieur, que cette incroyance n'a même pas le mérite de la nouveauté.

Pourtant, il faut bien le confesser, les obstacles à la propagation du magnétisme ne tiennent point exclusivement à l'incroyance, à l'insouciance des gens du monde ; ces obstacles proviennent en grande partie aussi de l'antagonisme qui règne entre les magnétistes, divisés en deux camps presque ennemis.

Les uns, matérialistes, ne veulent rien au delà de notre organisme matériel.

Les autres, plus avancés dans la voie de la vérité,

___

(1) **A. M. J.** Chastenet de Puységur, ancien maréchal de camp du corps royal de l'artillerie. *Du Mag. anim. considéré dans ses rapports avec diverses branches de la physique générale*, p. 22. Paris, 1807.

pensons-nous, laissant à la matière son rôle d'instrumentation, reconnaissent au sein des phénomènes magnétiques la supériorité de ce principe incompréhensible que le *consensus* universel a toujours désigné sous
le nom d'*esprit*.

Ces derniers, qui basent leur morale sur la véritable
philosophie, en concordance avec toutes les croyances
et tous les cultes de notre univers, gagnent chaque jour
du terrain dans l'opinion la plus éclairée. Mais cet antagonisme n'en est pas moins déplorable, et le temps
est venu de redoubler d'efforts pour éteindre la dissi-
dence.

En vain les matérialistes, qu'ils soient disciples de
Mesmer ou non, enflent-ils la voix pour jeter l'injure et
le ridicule aux cœurs affectueux, aux esprits de justice
et de conséquence qui ne s'enferment pas dans l'impasse
d'une négation impuissante, aujourd'hui les faits sont
là, nombreux, indéniables, qui démontrent combien
la prétendue science pédagogique fait fausse route.

Qu'on ne nous objecte donc plus les noms des Babinet (1), des Flourens et consorts. Nous ne nions point

(1) Notons ici quelques remarques susceptibles, supposons-
d'amener à réflexion les incroyants bénévoles, les pen-

leur mérite, tant s'en faut! Mais un peu plus de réserve dans leurs affirmations magistrales eût mieux servi l'autorité de leur savoir.

seurs sans obstination, toutes les réserves légitimes qui ne tendent qu'à marcher dans le chemin du vrai.

M. Babinet, selon que l'assure M. le comte d'Ourches, auquel il l'aurait dit, ne se refuse plus maintenant au fait de la *transmission mentale* de la pensée. Ne serait-ce pas un aveu gigantesque.... pour un académicien?

M. de Gasparin, on le sait, a *constaté* d'une manière très-*probante* les phénomènes de mouvementation des tables..... même *sans contact*, et de l'*intelligence* qui, par ce mode, peut entrer en relations avec les opérateurs. La doctrine qu'en a déduite M. de Gasparin pèche par la logique, ainsi que le lui prouve l'argumentation d'un grand croyant, M. de Caudemberg; mais l'essentiel, le fondamental, l'inattaquable des expériences de M. de Gasparin, c'est la *constatation évidente, indélébile,* DE FAITS RÉELS, dont se moque (dans un dédain que nos adversaires nommeraient inepte, s'ils étaient à notre place) l'irrationalisme qui n'a rien pu voir ni rien produire. Aujourd'hui que, dans cette physique si neuve pour nous, une théorie naturelle des voies productrices de ces incroyabilités est mise à la portée du raisonnement de chacun, nous nous contenterons de répondre aux invectives des négateurs cette admonition du Maître à saint Pierre : « *Hommes de peu de foi!...* Vous voulez pénétrer ces mystères, prétendez-vous, et vous commencez par en fermer la porte. *La clé qui ouvre,* comme disait Salomon, est désormais entre vos mains. Si vous ne savez en faire usage, ne vous en prenez qu'à vous. Il n'est nul besoin d'initiateurs : initiez-vous vous-mêmes, c'est le meilleur moyen de vous convaincre. A force de *travail,* de *déceptions* et de PATIENCE

Et, puisque nous en sommes aux noms propres,

PERSÉVÉRANTE, ainsi que vous en prévient l'adepte que nous avons longuement cité (*), le vrai chercheur arrive au but.

Enfin, pour essayer de ramener les plus opiniâtres, pour leur rappeler combien une haute raison s'honore et se distingue en osant revenir sur des préjugés et des résistances qu'elle avait cru plausibles, nous leur ferons observer que Broussais, cette renommée européenne qui, du souffle de son énergie, avait brisé le vieux sceptre médical pour le remplacer par son propre système; Broussais, qui d'abord repoussa la phrénologie, nia le magnétisme, ridiculisa l'homœopathie; Broussais, cette parole altière, entraînante, comme l'avalanche des profondes convictions, mais ce jugement intègre, noble et désintéressé comme celui des fortes âmes; Broussais, avant le terme de sa carrière, se convertit à la phrénologie, au magnétisme, à l'homœopathie. La lettre qui vint en instruire le public est une de ces pages que l'on n'oublie pas. Nous pensons faire plaisir à nos lecteurs en la leur rapportant.

« *A Monsieur le docteur Mure.*

« Paris, 20 janvier 1840.

« Vous qui vous êtes entièrement consacré à la propagation d'une vérité, comme tant d'autres se consacrent entièrement aussi à l'utilisation d'une erreur ou d'un mensonge, vous

---

(*) D'accord cependant avec les avis du docteur à ses collègues en spiritualisme, nous ajouterons que, pour accepter sans trop de difficultés ses conclusions, il faut avoir connaissance des articles qu'il avait déjà publiés, et dont celui que nous avons inséré, dans ses deux tiers environ, est en quelque sorte le complément.

Nous engageons M. Viennet à lire, dans le *Journal du Magnétisme*, du 10 avril 1856, l'expérience très-curieuse par laquelle M. de Maldigny reconnut pour des esprits vivants les disques, les globules, qu'il avait aperçus différentes fois dans l'atmosphère, et qu'il avait pris d'abord pour des émanations de son fluide personnel.

nous ne manquerons pas de manifester notre étonne-

paraissez stupéfait qu'en France l'homœopathie rencontre infiniment plus d'obstacles qu'en Sicile, où vous l'avez si coura-
geusement et si vite implantée, puis vous me demandez, à
moi qui connais le terrain, la raison de cette différence. Sans
préambule, je vais vous la dire : c'est qu'à Palerme, s'il y a
des savants, il se trouve sans doute fort peu d'académiciens ;
tandis que dans notre antique Lutèce, les académiciens et les
savants pullulent.

« Or, actuellement, il faut que vous sachiez d'une part que,
quelque importante que soit une vérité, on ne l'accueille en
ce pays, les yeux fermés, que quand elle est admise par les
corps savants ; et d'autre part, que ces mêmes corps savants
ne vivent guère que de vieilles idées, surtout de celles qui sont
lucratives. Leur mission semble être toute conservation de ce
qui est déjà, et toute répulsion de ce qui n'est pas encore ; de
sorte qu'il est vrai de dire, et l'histoire nous le prouve, que ce
n'est qu'après de pénibles luttes qu'une vérité, si elle ne suc-
combe à la peine, pénètre dans les académies. Mais qu'arrive-
t-il quelquefois, à la longue, de tout cela ? C'est que, de guerre
lasse, la vérité se fraye une route en dehors des sociétés sa-
vantes, se rit de leur insouciance, méprise leur colère, et ren-
voie à sa source leur dédain.

> L'injustice, à la fin, produit l'indépendance !

« Pourtant, quelque hostiles que soient les académies aux
idées nouvelles, quelque encroûtées qu'elles paraissent, dans
les membres qui les composent, il faut l'avouer, de temps en
temps on en voit qui cherchent à s'éclairer, et qui finissent
même quelquefois par se convertir *in petto* un peu plus ou un
peu moins aux doctrines proscrites. Je dis *in petto*, car jamais
un véritable académicien, un académicien pur sang, n'aban-
donne ostensiblement la bannière de sa corporation. La peur

ment de la légèreté facile avec laquelle des contradic-

de ce qu'ils appellent le ridicule arrête les plus téméraires ; et c'est ainsi qu'en toutes choses la vanité sans contre-poids empêche le bien et cause le mal. Et pourtant encore, comme il faut rendre justice à tous, on doit en citer un, le plus grand, le seul grand de son époque, qui, après avoir été opposé à la phrénologie, est devenu ardent phrénologiste ; qui, après avoir nié le magnétisme, a cru au magnétisme, et qui enfin, après s'être un peu moqué de l'homœopathie, s'est livré, lui malade, aux soins d'un homœopathe ; cet homme, c'est ce puissant génie qui pendant quinze ans a remué le monde médical ; c'est cet athlète infatigable qui si longtemps a fait trembler son ennemi intime et fidèle, la vieille école d'alors. C'est le créateur de la médecine physiologique, en un mot, c'est Broussais. Que si ces messieurs les académiciens m'accusent d'être peu soucieux de la gloire de mon maître, que les uns sachent et les autres se souviennent que pendant dix-huit ans j'ai été l'ami de son foyer domestique, et que si, partant, quelqu'un doit s'intéresser à sa gloire, c'est moi. Ce n'est point parce que l'homœopathie a besoin de Broussais que je viens revendiquer pour elle son suffrage, la vérité n'a pas besoin d'un homme pour triompher : c'est au contraire dans l'intérêt de la gloire même de Broussais et surtout dans celui de l'équité, puisqu'en effet Broussais a concédé une part de son suffrage à l'homœopathie. D'ailleurs, puis-je me taire lorsqu'on nie ce que j'affirme ?... etc. »

« FRAPPART, D. M. P. »

Le lendemain cette lettre parut dans le *Capitole*, et toute la France apprit les faits intéressants qu'elle contient.

Casimir Broussais lui-même, l'ami, le camarade de Frappart, ne lui en voulut pas. Tout en déplorant une publicité qui blessait ses idées personnelles, il sentait combien il en avait coûté à son ami pour le contrarier à ce point ; mais il savait aussi que

teurs du spiritualisme prétendent lui fermer la bouche
de par certains noms de savants que l'on fait à tort
mitrailler contre lui comme des foudres de guerre.
Ainsi, journellement, pour attaquer les spiritualistes,
on leur cite Deleuze et le docteur Charpignon, qui, si
l'on en jugeait par les paroles de leurs hérauts d'armes,
seraient envers nous des pourfendeurs intraitables.

dans cette âme libre et fière, toute considération d'égards, de
convenance, d'intérêt, et même la voix de l'amitié, étaient im-
puissantes contre le sentiment du devoir. Il revit Frappart quelques jours après, et lui serra la main en lui disant : « Vous
avez été bien pressé! — Il n'est jamais trop tôt pour dire la
vérité!!! dit Frappart. D'ailleurs, dans quelques mois, Mure
part pour le Brésil, et après lui plus de presse quotidienne à
Paris, pour l'homœopathie. Nous en serions réduits aux journaux spéciaux que le public ne lit pas. Moi-même je puis
mourir!

Frappart, en effet, n'est plus de ce monde.

Et quel est ce docteur Mure? C'est un des plus admirables
apôtres des investigations de la science et du dévouement à
l'humanité. C'est le fondateur de l'école homœopathique de Rio-
Janeiro. C'est un homme de corps frêle, de santé délicate, mais
d'une intrépide puissance de vouloir, et qui ne craignit pas
d'expérimenter sur lui-même les effets des poisons les plus vio-
lents et du venin des serpents les plus redoutables du Brésil,
pour doter la thérapeutique de nouveaux agents salutaires,
agents que nul avant lui n'avait étudiés, remèdes héroïques
pourtant dans la cure des plus horribles maladies. Voilà le docteur Mure! Voilà ce que peut conquérir une volonté ferme, et
ce que n'entreprendront jamais les railleries et la négation.

Eh bien ! voici ce qu'écrivait Deleuze au docteur
Billot, le 6 novembre 1831 :

« Je respecte, j'admire vos sentiments religieux;
car c'est au magnétisme que je dois aussi mon retour
au christianisme ; mais ces sentiments ne sont pas pour
moi appuyés sur le genre de preuve qui vous a fait
tant d'impression.

« Le magnétisme *démontre la spiritualité de l'âme et
son immortalité ;* il prouve la *possibilité de la communication des intelligences séparées de la matière avec celles
qui lui sont encore unies ;* mais il ne m'a jamais pré-
senté des phénomènes qui m'aient convaincu que cette
possibilité se réalise souvent, et je ne crois point qu'elle
soit la cause de plusieurs phénomènes magnétiques, ni
qu'elle en offre l'explication la plus satisfaisante.

« Je n'ai point vu de faits analogues à ceux que vous
me communiquez; mais je dois vous répondre que
*des personnes dignes de toute ma confiance m'en ont ra-
conté, quoique en petit nombre*.......

« Ce que le magnétisme démontre rigoureusement,
c'est la spiritualité de l'âme et son immortalité. C'est
encore que *les âmes séparées du corps peuvent, dans
certains cas, se mettre en rapport avec les êtres vivants et leur communiquer leurs sentiments.* L'étude

des phénomènes du somnambulisme est sous ce rapport plus importante et plus utile que sous celui de la guérison des maladies..... »

Maintenant écoutons parler le docteur Charpignon dans son ouvrage : *Physiologie*, *Médecine et Métaphysique du magnétisme :*

« La science et la croyance au monde surnaturel ont été et sont encore presque toujours deux états antagonistes de l'intelligence humaine. Toutes deux cependant ont racine dans l'*esprit de vérité*. Pourquoi donc n'ont-elles pu s'allier, et que l'une tend à étouffer l'autre chez la plupart des hommes ? N'est-ce pas parce que le savant, habitué à toucher la matière et à comprendre le mécanisme de ses lois, perd peu à peu l'idée des choses invisibles, et finit par ne plus croire à ce qui sort de la sphère du raisonnement et des lois physiques ? N'est-ce pas aussi parce que les hommes de foi, les hommes à croyances mystiques, forts de leur conviction, négligent trop, en général, l'étude des lois physiques, et qu'entraînés par un manque de connaissances assez exactes, ils avancent et soutiennent des faits qui semblent incompatibles avec des lois connues, et qui parfois viennent à être controuvés par l'expérience pratique ?

« Le rationalisme et le mysticisme ont chacun des
limites que l'esprit humain ne saurait franchir sans
tomber dans le délire; mais l'un et l'autre ont des
bases réelles, *bases qui peuvent et qui doivent même se
confondre en une seule.....*

« Il est possible, suivant nous, *que la science et la
foi fassent alliance*, et alors l'esprit humain se trouve
au niveau de sa perfectibilité terrestre..... »

Où les matérialistes découvrent-ils donc, en ce langage de Deleuze et de Charpignon, une dénégation du
spiritualisme? Pour notre part, nous y trouvons tout
au contraire une adhésion claire et formelle.

Le docteur Charpignon ne va-t-il pas infiniment au
delà de ce que nous formulons dans le positivisme de
nos démonstrations, puisque lui, le docteur-médecin,
le magnétologue expérimentateur, l'analyste profond,
il croit... *au surnaturel* (1) !

(1) Dans l'origine, le mot *surnaturel* devait avoir sa véritable
signification, c'est-à-dire d'un *naturel supérieur*; mais depuis
fort longtemps, ce mot, comme beaucoup d'autres, détourné de
son sens primitif, ne signifie plus que *contre-naturel*. Or il
est facile de comprendre qu'une chose contre nature ne saurait exister, puisqu'elle serait une subversion de l'ordre éternel, et qu'elle supposerait une contradiction dans les décrets
divins.

Le mot *miracle* (dans son étymologie : chose admirable, en
latin *miraculum*) n'implique pas non plus, par conséquent, une

Une fois pour toutes, mettons-nous tous à l'étude, observons, recueillons les faits, bien réels, bien examinés, et le corps de doctrine s'établira sans conteste quand nous le voudrons! comme le dit avec raison un de nos jeunes écrivains, M. E. Guillot.

« Nous avons dit, nous avons répété jusqu'à satiété, que le magnétisme ne deviendra une science qu'à la condition que ceux qui le savent l'enseignent à ceux qui l'ignorent; que chacun écrive tellement quellement ce qu'il a vu, en établissant d'une manière irrécusable la preuve de ses assertions; que nous accablions nos adversaires sous le poids et le nombre des témoignages. Et il semble qu'au milieu de ce peuple de propagandistes, nous ayons, comme saint Jean, prêché dans le désert : le monde magnétique est plein de gens qui renoncent volontiers à la publicité de leurs expériences personnelles, pourvu qu'on leur accorde le silence pour celles de leurs amis : amour-propre indigne d'une cause aussi profondément humanitaire ! Cependant, car il faut rendre justice à qui de droit, il y avait de bons exemples à suivre : Puységur, du Potet, Mialle, Millet,

---

suspension des lois de la nature. Opérer des miracles, ce n'est, en réalité, que se servir des forces de la nature dans des conditions presque universellement ignorées.

ont retracé l'histoire de leur carrière magnétique, et ils n'ont pas craint d'enrichir leur récit de résultats qui ne leur étaient pas personnels.

« On aura peine à empêcher le docteur Dubois (d'Amiens) de demander en pleine académie, après les expériences officielles de 1820, sans parler de celles des Georget, des Rostan, des Bertrand : « un fait, rien qu'un seul fait. » Puisqu'on doute encore, ne nous lassons pas de prouver; puisque Winnen et Regazzoni, Alexis et Prudence Bernard n'ont pu convaincre nos savants, qui semblent avoir fait à l'opinion publique une tâche de les traîner à la remorque; puisqu'au temps de Home et des *mediums* ou *media* (comment doit-on dire?), quelques incrédules qui mériteraient d'être nommés en sont encore à contester les phénomènes les plus élémentaires du magnétisme, ne laissons point endormir la vaillante propagande de quelques élèves de Mesmer. Mais ajoutons, en passant, pour satisfaire notre conscience, que nous contestons à un enseignement quelconque le droit de celer à la *jeunesse studieuse* l'existence d'un fait passé à l'état de connaissance vulgaire dans des pays tout entiers : *Debetur puero reverentia!* Il nous est né un préjugé fâcheux pour avoir entendu affirmer à notre confesseur, répondant à une de nos curieuses questions d'enfant, que la terre tout entière reconnaissait la même religion : il n'y a pas là erreur d'opinion, il y a mensonge caractérisé.

« Nous souhaiterions montrer des faits, puisqu'ils en demandent, à nos doctes adversaires, mais ils dédaigneraient de les regarder, de peur de les voir; nous sommes donc réduits à leur offrir des témoignages incontestables.

« Le témoignage n'est-il pas le plus commun procédé de certitude? Chaque jour, à chaque heure, à chaque minute, nous acceptons des faits qui n'ont pas d'autre garantie. Il est peu de membres du corps médical qui aient vu Pékin de leurs propres yeux, et pourtant, chez aucun, l'incrédulité, élevée à son maximum, ne va jusqu'à en nier l'existence; aucun d'entre eux n'oserait attribuer au Charlatanisme ou à l'une de ses dupes, l'Illusion et la Complaisance, les récits unanimes qui nous signalent, dans ce pays antipode du nôtre, des palais dont la matière première n'est employée ailleurs qu'à la fabrication des assiettes; des hommes dont le crâne dénudé n'offre d'autre accident qu'un toupet destiné à faciliter la besogne des anges pourvoyeurs du paradis; des femmes qui ne se servent pas plus de leurs pieds pour marcher, que la science officielle de ses yeux pour voir : *Habent pedes , et non ambulant ; habent oculos, et non vident ;* des enfants que leurs parents abandonnent et que sauvent des missionnaires ; enfin, mille singularités.

« Sans doute il n'est pas rationnellement absurde que Pékin soit avec ces étranges accessoires, tandis que les phénomènes attribués au magnétisme et au somnambulisme sont impossibles. Mais l'imprimerie, les principes et l'application de la vapeur et de l'électricité n'étaient-ils pas impossibles du temps d'Aristote et ne sont-ils pas aujourd'hui tombés dans le domaine commun ?

L'aventurier Colomb, grand homme un jour plus tard,

n'était-il pas halluciné la veille du jour où il devint un génie? Quelle apparence que l'Amérique pût exister, quand on croyait le monde plus petit de moitié ?

« Combien de chimistes jureraient aujourd'hui sur leur creuset la réalité inductive de l'absolu, quand, hier, tout vrai savant se croyait obligé de rire de la pierre philosophale ! Nous ne sommes pas loin du jour ou, par un

Juste retour, messieurs, des choses d'ici-bas,

on se moquera un peu de vos orgueilleuses théories,

qui, une fois fixées, ont dit au génie humain, comme Dieu à l'Océan : « Tu n'iras pas plus loin. »

« Cela posé, que les limites du réel, dans ce monde, sont essentiellement vagues et mobiles, demandons-nous si des faits doivent être niés, exclusivement parce qu'ils sont inexplicables. Peut-être, d'abord, les expliquera-t-on plus tard. Mais, ne les expliquât-on jamais, en sont-ils moins évidents ? On s'accorde généralement à croire un Dieu, qu'aucune académie du monde n'a cependant encore expliqué, sauf peut-être celle du silence.

« Il resterait donc à établir solidement les conditions du témoignage. Mais Aristote, qui est, lui aussi,

. . . . . . joli quelquefois,

l'a fait depuis trop longtemps, pour que nous puissions supposer la science ignorante de la logique, comme de tant d'autres choses. L'accord des témoins, leur bonne foi et leurs lumières, qui constituent leur autorité, etc., donnent à leur dire une valeur scientifique. Je sais tel des hauts faits du medium Home, dont je doutais auparavant, pour lequel je deviendrais un martyr confesseur, depuis que je l'ai entendu affirmer à M. N*** (1), sous sa responsabilité personnelle. D'ailleurs, comment les sciences se seraient-elles élevées au degré où elles se trouvent actuellement, si chacun, constatant le témoignage de ses devanciers, se fût astreint à recommencer leurs recherches? Une telle œuvre dépasse les limites de la vie humaine.

« Puisque nous avons nommé M. Home, que l'opinion publique prend pour unité, dans l'appréciation des phénomènes spiritualistes, et qu'il s'agit d'établir l'autorité du témoignage, dans la théorification de tous les phénomènes qu'à tort ou à raison on rattache au magnétisme, nous ne voulons pas éluder une discussion délicate; nous ne redoutons pas les conséquences de notre doctrine.

« Certes, il est des phénomènes tellement extraordinaires, que la foi la plus robuste les accepte difficilement, à moins d'avoir employé à se former le procédé populaire de saint Thomas. Encore le rationaliste, qui a vu de ses yeux et touché de son doigt le miracle, hésite-t-il longtemps, avant de lui consacrer une ligne au bilan de ses croyances.

« D'un côté, les faits sont impossibles; mais nous

_____

(1) L'honorable général Noizet, de l'arme de l'artillerie, auteur d'un *Mémoire sur le somnambulisme*, etc.

savons, magnétistes, quelle est la faiblesse de cet argument, en face de celui d'une réalité évidente. Encore tout meurtris des négations de nos adversaires, il serait inconséquent à nous de les retourner contre nos amis. La science actuelle ne rend pas mieux compte du magnétisme, que de cette série de manifestations qu'on appelle spiritualistes. Pourquoi ce nom? Mais nous n'avons pas de force à perdre dans une chicane d'étymologie. Soyons tolérants envers tous les progrès de l'idée, sans nous départir de la critique que nous appliquons même à nos résultats, et raisonnons contre nous-mêmes :

« Il est inadmissible que l'opinion ait pris le change, au point de s'enthousiasmer tout d'un coup aussi vivement pour des doctrines induites de faits absolument imaginaires ou artificiels. A la base des théories spiritualistes, il y a certainement des phénomènes inexplicables par les lois de la science constituée, et qui ont servi, sinon d'éléments, du moins de prétextes à la formation d'un enseignement trop contagieux. Des intelligences sûres, difficiles, après avoir traversé le doute, sont arrivées à la conviction, relativement aux produits extérieurs du spiritualisme. Nous-mêmes avons été dupes de ces apparences ou spectateurs de ces merveilles.

« Abstenons-nous donc d'un parti pris hostile et surtout de sarcasmes pénibles. Observons avec attention, écoutons avec critique, et si, par la double voie des sens et du témoignage, nous parvenons à la certitude relativement aux faits en litige, ne nous hâtons pas trop encore de conclure l'existence d'esprits qui les produiraient. »

Plaise à Dieu que cette exhortation soit entendue et qu'elle arrête les colères aveugles des négateurs et des *insulteurs!...* Ce mot n'est pas à votre adresse, monsieur, nous vous l'attestons; nous vous tenons trop pour un homme d'honneur et de bonne compagnie pour vous supposer capable d'une injure gratuite envers des gens studieux qui, lors même qu'ils se tromperaient, n'en sont pas moins à la recherche de la vérité, si difficile à conquérir.

De la constatation formelle des hauts phénomènes du magnétisme à celle des forces transcendantes du spiritualisme il n'y a qu'un pas, puisque, au moyen de la *voyance*, notre âme, dégagée de la matière épaisse, vit au milieu de ce monde des causes avec lequel elle constate ses rapports directs, bien qu'elle le considère souvent comme une chimère dès qu'elle revient à l'état de notre vie commune (1). Passons donc en revue quelques-unes des autorités les plus imposantes sur lesquelles s'appuie la science magnétique, autorités

(1) « Les philosophes de l'antiquité, dit le docteur de Maldigny, nommaient le type humain un microcosme, *univers en petit*, parce que, suivant eux, l'homme renferme *foncièrement* l'universalité de la création. Ne pourrait-on démontrer comment cette possession *virtuelle* s'accomplit, probablement, dans la perpétration de quelques-uns de nos mystères ?

« Disciple de l'enseignement expérimental, j'aime à le laisser ici s'exprimer lui-même. Ecoutons-le.

« Dans le commencement de mes essais, alors que, sans boussole et sans pilote, je bravais une mer inconnue, ne sachant où trouver le rivage abordable ou seulement une lueur à travers ma nuit épaisse, un statuaire belge, magnétiseur des plus antispiritualistes, m'amena sa somnambule, blanchisseuse de fin à l'avenue de Lamothe-Piquet. C'était une femme brillante de jeunesse et belle d'une vigoureuse organisation; sa lucidité n'avait point franchi, jusque-là, le diapason des idées de son guide ordinaire.

« Il la met en voyance. Après diverses interrogations, j'arrive à l'épidémie du jour, la vogue des tables parlantes et des esprits. Le magnétiseur en rit à gorge déployée.

« — Vous ne mordez pas à ces sottises-là, vous, un chirurgien-major?

« — Ma foi! je ne voudrais pas le garantir. Depuis peu j'ai vu tellement s'abaisser les barrières de l'impossible, que je n'y comprends plus rien.

« — Allons donc ! vous avez dû pourtant dépister bien des. . *couleurs*.

« Je venais d'approcher mon guéridon, sur lequel j'avais apposé les mains.

dont le nombre et le poids se concilient difficilement
avec les doutes qui subsistent encore dans certains
esprits prévenus.

« A voir les hommes éminemment distingués qui
se sont élevés contre la doctrine fondée par Mesmer,

« — Ah! ah! voilà le *monsieur!* Voyons, qu'il nous débite
sa leçon.

« La somnambule était sérieuse : elle regardait avec une attention remarquable.

« — Il paraît que ceci vous intéresse ? lui dis-je.

« — Est-ce que vous y découvrez quelque chose ? ajoute
l'artiste.

« — Sur le plateau de la table, je vois *la volonté* du ma-
jor.

« — Ma volonté ? Par exemple! Comment se montre-
t-elle ?

« — *C'est un courant lumineux* qui jaillit vivement sur la
tablette.

« — Ah !

« La tête de la voyante se recule d'un mouvement convul-
sif; ses yeux sont fixes; elle contemple avec une immobilité
d'expression.

« — Q'avez-vous?

« — J'aperçois... dans le pied de la table... des puissances!!!

« — Des puissances?

« — Oui ! continue-t-elle d'une voix basse et frissonnante.

« — Des bêtises!!! Vous rêvez! s'écrie le magnétiseur.

« — Je ne rêve pas! je les distingue... *très-positivement.*

« — Que signifie ce langage ? repris-je à mon tour. Qu'est-
ce que ces puissances ?

dit le docteur de la Salzède (1), je ne puis comprendre
qu'ils n'aient pas vu ou qu'ils n'aient pas voulu voir
que la théorie du magnétisme animal *est la transition
nécessaire des sciences exactes et purement physiques*

« — Eh ! ce sont celles qui se rendent à votre appel !

« — Je n'ai pas dit un mot.

« — Vous ne savez donc pas que *tout est aimant dans le
monde...* et que *la pensée* humaine, un des aimants les plus
forts, *attire* ou *repousse... même sans que l'homme s'en doute !*

« Cette apostrophe me frappa d'un trait de lumière. Depuis,
je ne l'ai jamais oubliée.

« Le magnétiseur devint bientôt un prosélyte de la nouvelle
croyance ; et moi, grâce à la parole de la femme du peuple,
j'avais appris qu'une simple disposition mentale, dont nous
n'avons pas toujours assez de conscience, peut, dans l'irradiation
latente de cet effluve d'individualisme que l'on désigne du nom
de fluide, *agir en tel ou tel sens*, en dehors de notre personne.

« D'après cette base de physiologie, chacun de nous ne por-
terait point en permanence, comme le supposait la doctrine
ancienne, la sphère interne d'un univers en miniature (hypothèse inintelligible autant qu'indémontrable) ; mais (ce que la
raison ne répugnerait pas à concéder) NOTRE AME, en vertu de
sa PUISSANCE D'ASPIRATION ET D'EXPANSION, et par le jeu régulier
de l'appareil cérébral, *jouirait,* malgré sa clôture de chair et
d'os, *du privilège d'échanger des relations progressives avec les
forces vitales universelles.* Quel empire superbe et quelle responsabilité ! » (Dr CLEVER DE MALDIGNY. *Journal du Magnétisme*
du 10 février 1856.)

(1) *Lettres sur le magnétisme animal considéré sous le point
de vue physiologique et psychologique*, par Ch. de la Salzède,
docteur en médecine de la Faculté de Paris. Paris, 1847.

aux sciences métaphysiques et spéculatives, qu'elle
seule enchaîne et rattache entre elles en comblant
l'espace qui les séparait... »

Plus loin, après avoir fait une revue des peuples anciens qui pratiquaient le magnétisme, après avoir cité
Paracelse, qui remonte à l'an 1520, Maxwell, qui date
de 1673, il ajoute :

« Van Helmont écrivait en 1630 :

« Il y a dans l'homme une énergie telle, que par sa
« seule volonté et son imagination il peut agir hors
« de lui, imprimer une vertu et exercer une influence
« durable sur un objet très-éloigné.

« La volonté est la première des puissances ; l'âme
« est douée d'une force plastique qui, lorsqu'elle a
« produit une substance, lui imprime une force, et
« peut l'envoyer au loin et la diriger par la volonté
« Cette force infinie dans le Créateur est limitée dans
« la créature, et peut, par conséquent, être plus ou
« moins arrêtée par les obstacles. Les idées, ainsi revê-
« tues d'une substance, agissent physiquement sur les
« êtres vivants, par l'intermédiaire du principe vital ;
« elles agissent plus ou moins, suivant l'énergie de la
« volonté qui les envoie, et leur action peut être
« arrêtée par la résistance de celui qui la reçoit... »

« Après ces autorités, continue le docteur de la Salzède, après ces autorités appartenant aux siècles qui ont précédé Mesmer, vous ne serez peut-être pas fâché de trouver consigné dans ces notes l'opinion sur le magnétisme de deux hommes célèbres dans les sciences, et dont la France est fière à si juste titre.

« Laplace, *Théorie analytique du calcul des probabilités*, a dit :

« Les phénomènes singuliers qui résultent de l'ex-
« trême sensibilité des nerfs, dans quelques individus,
« ont donné naissance à diverses opinions sur l'exis-
« tence d'un nouvel agent, que l'on a nommé *magné-*
« *tisme animal*. Il est naturel de penser que la cause
« de cette action est très-faible, et peut être facilement
« troublée par un grand nombre de circonstances acci-
« dentelles; aussi, de ce que dans plusieurs cas elle ne
« s'est point manifestée, on ne doit pas conclure qu'elle
« n'existe jamais.

« Nous sommes si éloignés de connaître tous les
« agents de la nature et leurs divers modes d'ac-
« tion, QU'IL SERAIT PEU PHILOSOPHIQUE DE NIER L'EXIS-
« TENCE DE PHÉNOMÈNES UNIQUEMENT PARCE QU'ILS SONT IN-
« EXPLIQUABLES DANS L'ÉTAT ACTUEL DE NOS CONNAISSANCES. »

« De son côté, Cuvier, l'immortel Cuvier, a écrit
dans ses *Leçons d'anatomie comparée :*

« Dans les expériences qui ont pour objet l'action
« que les systèmes nerveux de deux individus peuvent
« exercer l'un sur l'autre, il faut avouer qu'il est très-
« difficile de distinguer l'effet de l'imagination de la
« personne mise en expérience, d'avec les faits physi-
« ques produits par la personne qui agit sur elle. .

« Cependant, les effets obtenus sur des personnes
« déjà sans connaissance avant que l'opération com-
« mençât, ceux qui ont lieu sur d'autres personnes
« après que l'opération même leur a fait perdre con-
« naissance, et ceux que présentent les animaux, ne
« permettent guère de douter que la proximité de deux
« corps animés, dans certaine position et certains mou-
« vements, n'ait *un effet réel indépendant de toute par-*
« *ticipation de l'imagination d'un des deux.* Il paraît
« assez clairement aussi que ces effets sont dus à une
« communication quelconque qui s'établit entre leur
« système nerveux. »

Ainsi, monsieur, voilà Laplace et Cuvier, deux
hommes de science positive s'il en fut, qui, à la suite
de bien d'autres, comme vous le voyez, reconnaissent
en principe la réalité du magnétisme et par suite l'évi-

dence des découvertes qui pourront en découler dans l'avenir. Cela devient embarrassant pour les sceptiques, n'est-ce pas?... Nous ne voyons, pour nous, qu'un moyen d'en sortir, c'est de supposer qu'eux aussi étaient *hallucinés*, le jour où ils rendaient ce témoignage public!...

A chaque instant, au surplus, l'expérience vient prouver la vérité de la doctrine du rayonnement individuel, mise en lumière par le magnétisme et si péremptoirement démontrée par le docteur Clever de Maldigny (1).

(1) « La projection lumineuse du rayonnement des corps est, dit-il, avérée; des milliers d'expériences la proclament.

« Un illustre physicien de l'Allemagne, M. de Reichembach, appelle *od* (*) la lumière secrète qui s'échappe de tout, et que les sensitifs de cet expérimentateur ont unanimement discernée.

« Nous traînons avec nous, dit-il, d'immenses jets d'invisibles rayonnements, qui, comme existences substantielles, sont encore entourés d'une atmosphère lumineuse qui nous environne et marche avec nous (**).

« Cette lumière *odique*, émanant de chaque individu, n'est pas toujours semblable; elle diffère chez chacun, à peu près de la même manière que le goût et l'odorat, comme la lumière

(*) Ce mot, tiré du sanscrit, signifie : *Force qui pénètre tout.*
(**) « Le premier somnambule de Deleuze lui désignait chaque personne qu'il rencontrait en lui disant : Voilà un fluide qui passe. » (CHARDEL, *Psychologie physiologique.*)

Nous sommes heureux d'enregistrer à l'appui de cette
doctrine un argument de plus, que nous puisons, non

dans les couleurs, le son dans la gamme; elle est un peu différente chez la femme et chez l'homme, du jeune au vieux, du
sanguin au colérique, chez l'homme sain et le malade; elle
diffère encore entre les malades, etc. »

« M. de Reichembach divise nos deux sexes en trois catégo-
ries, selon que les personnes peuvent ou non percevoir le phénomène qu'il a mis hors de contestation. Il nous classe sur ces
trois échelons : les hauts sensitifs, les moyens sensitifs, les
non sensitifs.

« Il indique ce procédé d'expertise :

« Conduisez un bon sensitif moyen ou un haut sensitif dans
« l'obscurité; prenez avec vous un chat, un oiseau, un papillon
« et plusieurs pots de fleurs. Après plusieurs heures de séjour,
« vous entendrez votre sujet dire des choses étonnantes : les
« fleurs sortiront de la nuit et deviendront perceptibles, d'a-
« bord sous forme d'un nuage gris isolé; plus tard, les points
« s'éclairciront; à la fin, l'ensemble se séparera, les fleurs
« deviendront distinctes et de plus en plus manifestes.

« Un jour, dans une telle expérience, j'essayais la vision de
« M. Endlicher, professeur de botanique renommé, bon sensitif
« moyen. Il s'écria dans un émerveillement mêlé de frayeur :
« C'est une fleur bleue! c'est une gloxinie ! » J'avais effective-
« ment placé devant ses yeux un pot de *gloxinia speciosa*, va-
« riété *cœrulea*, qu'il avait vue et reconnue à la forme, à la
« couleur, malgré l'obscurité profonde.

« Pour voir si positivement, il faut la présence de la lu-
« mière. D'où provenait-elle ? De la plante elle-même. Germes,
« anthères, pistils, corolles, tiges, tout ressortait finement
« éclairé; les feuilles mêmes se faisaient remarquer, quoique
« plus mates. Tout paraissait dans une délicate incandescence:

dans un ouvrage de science ou de magnétisme, mais
« les parties sexuelles plus distinctement, la tige plus claire que
» la feuille.

   « Le papillon, l'oiseau, le chat, tous apparaîtront dans l'ob-
« scurité. Parties de ces êtres deviendront lumineuses et se
« mouvront avec vous çà et là. Bientôt le sensitif vous décla-
« rera qu'il vous voit vous-même. Tantôt vous lui semblerez
« comme un homme de neige informe, tantôt cuirassé, un haut
« casque en tête, enfin redoutable comme un géant luisant.
« Faites regarder au sujet sa propre forme, un peu confuse,
« elle se trouvera luire de même. Ses bras, ses pieds, ses jam-
« bes, sa poitrine, tout son corps à travers ses habits sera dans
« une fine incandescence. Fixez son attention sur ses mains :
« d'abord elles auront une faible ressemblance avec une fumée
« grise ; ensuite elles ressembleront à une silhouette sur un
« fond faiblement éclairé ; enfin les doigts paraîtront avec leur
« propre lumière ; ils auront l'apparence de gagner en volume,
« et deviendront diaphanes comme lorsqu'on place la main
« devant une bougie. Cette main s'étendra plus longue qu'en
« réalité. Chaque doigt émet un prolongement luisant, et de
« son extrémité s'élance un appendice de lumière, qui, selon
« les circonstances, gagne de la longueur totale ou de la moi-
« tié de la mesure des doigts corporels. Moyennant ces jets
« flamboyants, la main outrepasse le double de sa grandeur ;
« les dernières phalanges sont les plus claires, ainsi que la
« racine des ongles, qui rayonne de plus de clarté.

   « Questionnez votre sensitif, il vous apprendra que les cou-
« leurs des diverses parties du corps sont dissemblables ; que
« les mains droites luisent d'un feu bleuâtre, pendant que
« celles de gauche se montrent d'un jaune rouge, et que, par
« cette raison, celles-là sont plus sombres et celles-ci plus clai-
« res ; qu'il en est sensiblement de même de toute l'étendue
« de nos deux moitiés symétriques. » *Journal du magnétisme,*
25 juillet 1857.

dans l'histoire de notre brave compatriote le capitaine Gérard, le célèbre *tueur de lions* :

« Maintes fois Gérard, dit Adolphe d'Houdetot, qui
« a recueilli ces notes en causant avec l'illustre chas-
« seur lui-même, s'est trouvé tout à coup en présence
« du lion, et tous deux se sont regardés sans faire
« aucun mouvement.

« Pourquoi le lion ne s'élançait-il pas comme de
« coutume?

« *C'est qu'il jugeait, à certaines émanations* (1), *sans*

(1) « Les deux principes magnétiques, dit M. le docteur
Manent dans son livre : *Découverte des causes premières et
finales*, entrent dans la composition des électricités, du calorique, de la lumière et de l'éther, qu'ils forment suivant l'intelligence divine qui leur est inhérente ; ils entrent comme
électricités spécifiques dans la composition des aliments, des
remèdes et des poisons, de tous les liquides, des solides et des
fluides que leur intelligence combine ou décompose, transforme
et condense en agrégats d'où ils divergent plus ou moins épu-
rés sous le nom de magnétisme de la vie interne et externe,
et d'où ils rayonnent réunis sous le nom de calorique trans-
portant les particules détachées, ou de chaleur animale plus
ou moins chargée de molécules désagrégées par l'action organique, ou surabondantes, hétérogènes, fermentescibles, viru-
lentes, spéciales à chaque agrégat, d'où résultent, d'une part,
les courants magnétiques reliant les organes et chaque corps
avec le monde extérieur, et de l'autre le rayonnement de la
chaleur individuelle, des odeurs variées, des émanations mi-
nérales, végétales, animales, cadavériques, distinguées souvent

« *doute, que c'était moins une proie qu'un adversaire qui*
« *se dressait devant lui.*

« Fort de son expérience, Gérard attend froidement

à de grandes distances. Ainsi, certains animaux découvrent
par la piste la retraite d'autres animaux qui ont déposé leur
odeur spéciale en passant sur le sol, les cailloux et les brous-
sailles, ou reculent épouvantés en flairant les vestiges d'autres
animaux qu'ils n'ont jamais vus. Les exhalaisons rayonnantes
d'un cadavre en dissolution appellent de toutes parts les animaux
de proie. Deux jeunes personnes de différent sexe tressaillent
à distance, même dans l'obscurité, sont involontairement sur-
excitées par leur contact équilibrant leur chaleur animale.
Mais leurs regards plongent-ils l'un dans l'autre tour à tour,
leurs âmes, émises de part et d'autre, se confondent en une
seule, transportent l'image de l'un dans le cerveau de l'autre,
où le magnétisme plus intense de l'un s'ajoute avec son image
au magnétisme refoulé de l'autre qui en est enivré. Si le faible
courant magnétique oculaire du passereau est rencontré,
refoulé dans son cerveau ou absorbé par celui plus intense de
l'épervier planant verticalement à une grande hauteur, ou de
la couleuvre immobile sous l'arbre où il perche surpris, inca-
pable de fuir, l'épervier, suivant son absorbant courant magnétique continu, s'abat sur lui comme un trait ; la couleuvre,
par un semblable courant incorporé au magnétisme externe et
interne de la proie, l'attire de branche en branche dans sa
gueule béante. C'est ainsi que le serpent à sonnettes s'empare
de l'écureuil pétulant, et le boa, du lion bondissant et même
de l'homme, qui ne peut se soustraire à ses atteintes qu'en
détournant énergiquement ses regards magnétiques de l'absorbant courant magnétique oculaire du terrible adversaire et en
s'abritant sous la flamme protectrice de l'herbe desséchée du
désert. »

« l'instant favorable ; car il ne s'agit pas pour lui de
« précipiter le dénoûment, mais d'assurer la victoire.
« Croyant avoir saisi cet instant suprême, il ajuste.
« Tout à coup le lion s'affaisse, se rase et s'efface.
« Gérard incline-t-il à droite ou à gauche, le fusil en
« joue, pour découvrir dans sa largeur la tête du
« monstre, le corps de celui-ci obéit au mouvement :
« il se déplace, tourne sur lui-même, par petits à-
« coups, et ne présente jamais qu'une ligne droite.

« Singulier rapprochement! Dans un duel à l'arme à
« feu, les deux champions s'effacent; eh bien! dans sa
« lutte contre l'homme, le lion s'efface aussi. Est-ce
« instinct? est-ce expérience? »

Certes, le plus grand nombre des lecteurs de ces
quelques lignes ne pensait guère, en les lisant, y prendre
une leçon de magnétisme... Pourtant des milliers de
fois dans un jour la nature nous parle ainsi sans parvenir à se faire comprendre.... Et chacun de nous se
sert de ces forces sans en avoir autrement conscience,
à peu près comme M. Jourdain faisait de la prose.

Pour notre part, s'il nous est permis de nous citer
nous-même, nous dirons qu'il ne nous est jamais arrivé
de quitter telle personne de nos amis après un certain
temps de sa société, sans nous sentir plus fort et mieux

portant, tandis que la compagnie de telle autre personne nous laisse assez souvent du trouble dans tout le corps ou du désordre dans les idées : ce que nous comprenons très-bien aujourd'hui.

Revenons aux manifestations des esprits (qu'on les appelle autrement, peu nous importe!).

Nous allons rapporter, pour ceux auxquels ils sont encore étrangers, un de ces incroyables phénomènes surgissant d'une source invisible avec la soudaineté de l'étincelle et la rapidité de l'éclair.

C'était le 5 février 1856, chez le docteur Clever de Maldigny, dans une réunion où se trouvaient deux sévères magnétistes des plus instruits et des plus militants, M. Petit d'Ormoy, ancien élève de l'École polytechnique et de l'École d'application de l'artillerie et du génie, et M. A. S. Morin (1), critique très-expérimenté, vice-président de la Société du mesmérisme.

Mlle Octavie ***, toute gracieuse jeune personne et médium des plus remarquables, avait posé les mains sur un petit guéridon, en même temps qu'un autre assistant, en évoquant l'esprit de Balzac.

Le meuble, bientôt animé, s'exprimait, on peut le

_____

(1) L'homonyme de l'auteur de : *Comment l'esprit vient aux filles,* etc.

dire, avec une électrique volubilité, par de brèves sac-
cades impossibles à suivre dans leur vitesse, et la jeune
sibylle, d'un air inspiré, proférait ces vives paroles
qu'elle assurait recueillir *d'une voix secrète venant lui
parler à l'oreille :*

« L'esprit commande à l'homme ; l'esprit rayonne en
lui et par *lui.* Je me défendrais, croyez-le, si l'on m'op-
posait un avis tout autre. La *vérité* d'abord ; la vérité
toujours. L'esprit est l'organe sacré quil a doit apprendre à l'homme, à l'enfant, en se signant son esclave.

« Cela dit, je demande, non pas l'indulgence super-
ficielle qu'accorde toujours l'homme de société, mais
l'indulgence du cœur, son attention tout entière et dix
minutes pour moi !... »

Après ce repos de dix minutes la manifestation
reprend :

« DE LA LUMIÈRE POUR TOUS (1).

« Faites-vous une demeure et venez chez mon Père!»
Vous reconnaissez là les paroles du Christ?... Le temps
où vivait cet homme est passé, me direz-vous? Croyant
m'en donner la preuve, vous l'appellerez : *Le temps du
miracle !* Mais, sachez-le, les miracles sont en nous et

(1) Sous ce titre avait déjà paru une première communication publiée précédemment dans le *Journal du magnétisme.*

non au dehors! Le miracle, c'est *nous!* En tout nous
sommes semblables à ces hommes qui ont nom de *Saül,*
de *Jacob,* à tous ces croyants, prophètes, messagers,
organes divins; à *Elie* même, au pied duquel vous
mettez chaque jour respect, adoration, dus, il vous
semble, aux priviléges que vous lui croyez particu-
liers!.. Ces hommes sont comme vous, c'est-à-dire
tout ce que vous pouvez être! Ce qui vous éloigne du
camp qui est le leur, c'est votre prière trop froide;
c'est encore cette flamme étincelante et blanche qui
vous manque encore et que je nommerai : Clef des
cieux : LA FOI!

« Dieu serait-il juste dans sa bonté infinie, dites-le
avec moi, s'il avait donné seulement à ces hommes,
messagers et prophètes des temps passés, les priviléges, les facultés à l'aide desquels l'homme interne
s'élève dans les régions de lumière, régions où tout
mystère est expliqué, et qui sont fermées à tout être
qui reste dans sa première nature, dans sa *forme seulement*, c'est-à-dire rien qu'*homme*, rien que *matière?*
... Dites-moi donc si la verge d'airain n'est pas le bien
de tous; si elle n'est pas de tous les temps, de tous les
âges? Pourquoi alors, s'il n'en était pas ainsi, les mains
des hommes se ressembleraient-elles?... Je prends

votre langage pour vous mieux enseigner, désireux
d'éclairer vos âmes en y jetant un pur rayon de lumière, mais de lumière sainte que je nommerai toujours : *la foi!*

« Le monde est encore endormi dans les brumes de
l'oubli! C'est pourquoi je veux, moi qui vous aime,
vous chercher, vous couvrir du pan de mon manteau
pour vous entraîner par la prière au delà de ces mondes,
dans le sanctuaire de Dieu! Ne craignez pas! la témérité plaît à Dieu! Il aime celui qui peut, qui veut s'élever jusqu'à lui! (Serait-ce à lui de s'abaisser à vous?
dites!...) Elevez-vous donc toujours! Mais, pour cela,
sachez prier, et pour accroître en un instant le nombre
des privilégiés dont je vous parlais tout à l'heure, prophètes, messagers divins et éclatants, franchissez d'un
bond la barrière; car un seul mot peut tout obtenir; un
seul cri, mais un cri de prière, peut tout dire, tout
apprendre et résumer à Dieu nos immenses désirs!...

Qu'est-ce donc, me direz-vous, que le désir? Ah! ne
craignez pas! désirez beaucoup pour *pouvoir*, pour
savoir, pour *vouloir* prier! Le désir est l'état le moins
imparfait de l'homme non régénéré; de l'homme qui
aspire et qui *veut* être, parce qu'il trouve en lui le principe de *savoir* et de *pouvoir* attendre!...

« La force de l'homme est immense ; car il a en lui
(je parle de l'homme complet) l'espérance qui donne la
foi ; la *foi* qui donne la force, et la force qui donne la
sagesse !... Encore le chiffre trinitaire, encore le chiffre
de Dieu ! Niez Dieu, vous qui ne croyez pas maintenant ! Et dites, dites que l'homme n'est rien !...

« La prière, chers amis, est la voix sainte qui obtient
de l'ange l'entrée des cieux ; l'espérance nous grandit
et nous enseigne à la demander avec ferveur ; la foi
est l'encens de l'âme ; elle tient à sa fibre et lui donne
des cris sublimes !

« La foi se cache dans le silence ; elle attend, elle
pleure et regrette toujours ! Les hommes seuls peuvent
dire *pourquoi*, car elle souffre pour eux et par eux !
Mais il est une heure de *foi* pour toutes les nations !
une heure (*et cette heure va tinter*) où l'âme de chacun
exhale des soupirs contenus et exprime de brûlantes
aspirations. C'est la venue de son règne ; c'est toute la
puissance de l'homme rendue à l'homme lui-même ;
c'est le temps des miracles ; c'est enfin l'initiation aux
mystères et la compréhension dans la sagesse !... Cette
heure nous touche ; l'aurore de sa venue nous enveloppe ; la parole de l'enfant se fait plus nette ; son front
se dépouille, et l'homme devient honteux de n'être plus

croyant!... Les temps s'écouleront ainsi longtemps encore, si nous comptons par nos chiffres; leur marche régulière ne sera interrompue ou traversée par rien d'éclatant, rien qui n'ait été déjà! Mais le progrès en sera-t-il moins vrai, moins sensible, en raison de sa lenteur, quand le grand jour se lèvera?... Vous le verrez alors, et votre bon ami vous l'entendra reconnaître!...

« Si, encore, vous voulez quelques mots de moi, rappelez-vous que ma mission est un peu d'enseigner! J'ai bien à faire pour mériter tout le bonheur des enfants de Dieu! Aidez-moi donc pour un peu; et dans ma prière je dirai votre nom.

« H. DE BALZAC. »

Dans une autre circonstance, la même manifestation s'était présentée comme il suit :

« L'auteur du *Père Goriot* vous salue (1).

« L'auteur de *Séraphita* vous vient instruire sur toutes choses, et sur l'esprit que renferment toutes choses!

« L'auteur du *Lys dans la vallée* vous vient dire de

---

(1) Cette séance a été publiée dans le *Journal du magnétisme* du 10 avril 1856.

ne jamais méconnaître même un rien , quand il vient
du cœur.

« L'auteur de *Modeste Mignon* vous vient défendre
le trop grand attrait, le trop grand empire que l'inconnu exerce d'ordinaire sur les âmes sensibles et sur
les cœurs d'une poétique tendresse.

« L'auteur de *la Peau de chagrin* vient vous dire de
ne point trop souhaiter. La fée bonne se lassant, mauvaise fée pourrait , en échange des choses de vos sou-
haits, prendre chacune de vos heures. Ne serait-ce pas
bien vite, et trop vite même escompter votre vie?
L'esprit de *Peau de chagrin*, ou plutôt son essence, se
trouve tout entière dans ces quelques mots. Je ne l'ex-
trais que pour présenter à vos yeux, par la voix de
la sagesse et de la raison, un mélange plus vrai, un
tableau plus fidèle de ce qu'est notre vie, et des moyens
qui doivent seuls composer et emplir cette vie!

« L'auteur de...

— « Est-ce que tu vas, dit un des assistants, nous
passer en revue tous tes ouvrages? C'est qu'ils sont
nombreux !

— « Non! plus qu'une chose pour ce soir : un
rien! Une feuille de chaque fleur par toi aimée ; une
goutte de ces mille gouttes d'odorante rosée, perle du

jour, dont ces fleurs et ces feuilles se parent au matin !
Un rien, un souffle éveillant l'insecte reposant dans sa
fleur; un soupir et tout ce qu'il peut dire pour faire
taire et oublier un chant d'oiseau ; un murmure léger
dans le feuillage (ébats joyeux et cachés des sylphes
heureux); un chant de pastourelle écouté et entendu
en de poétiques lieux.

« Je vois toutes choses vivantes et reposées! Un
beau jour de mai les vient parer toutes ; dans ce jour
le torrent se fait plus menaçant pour devenir plus
beau; il doit célébrer, je gage, les myriades de fleurs
qui supportent les rayons d'un ardent soleil, en bai-
gnant leurs têtes parées des couleurs du prisme dans
son écume moelleuse, légère et douce *neige d'été* qui
leur vient donner la vie !

« Ce torrent ne vous semble-t-il pas un géant dans
sa force, un génie dans son élévation, et un poëte
aussi grand, dans ses adorations par la fleur, qu'un
de ces héros antiques, Virgile ou Homère, devenus
dieux par la consécration des souvenirs et des siècles ?
Ne vous semble-t-il pas, comme à moi, la personnification du génie qui chante, qui pleure, qui adore,
et qui apprend au monde entier, par son immense
voix, qu'il sait attendre et aimer ? Il ne reste mena-

çant, en continuant d'être poëte, que pour les poëtes-
enfants qui, lui voulant succéder, osent rêver comme
lui la gloire et l'immortalité!

« H. DE BALZAC. »

Or les assistants, hommes de sciences positives,
eussent été fort embarrassés pour improviser cette petite pièce si pleine de grâce et de poésie.

Le caractère et la position des personnes qui certi-
fient la véracité de ces communications excluent d'ailleurs toute idée de charlatanisme. Reste le cas de folie
et d'hallucination (1)... Mais les fous et les hallucinés
qui improvisent de pareilles choses doivent être très-
peu communs, vous l'avouerez sans peine.

Citons encore, entre mille, un phénomène aussi incompréhensible pour les matérialistes, mais aussi
inattaquable, en raison de la source dont il émane.

(1) « Qu'est-ce que l'hallucination ?
« Est-ce un phénomène hybride comme l'entend l'éclec-
tisme : vérité, manifestation divine, quand il provient des
hommes célèbres ou des personnages de l'Ancien et du Nouveau Testament; folie, mensonge, quand sa naissance est ordinaire ou profane ? Ou plutôt de l'avis d'un vrai penseur (*). »
« N'est-ce point une communication mal comprise, incon-
« sciente, avec l'ordre invisible. » (Docteur CLEVER DE MALDIGNY.
Journal du magnétisme du 10 avril 1856.)

(*) Julien Le Rousseau.

Anatomo-physiologistes, hommes exclusivement or
ganiques, expliquez-nous donc les faits de la nature de
celui-ci :

Un des médecins distingués de Paris, le docteur du
Planty, avait des plantations au Sénégal. Le gérant et
copropriétaire du revenu de ces plantations était tout
à fait inconnu au docteur. Il n'avait, en aucune occasion, reçu le moindre renseignement physique sur
cette personne. Un soir, pourtant, comme il rentrait
assez fatigué de ses visites à travers Paris, M. du Planty
se trouve saisi tout à coup d'une apparition, se déroul-
ant devant lui en forme de tableau, dans lequel il
assiste à la mort de son associé, dont il donne à l'instant le signalement exact, en prenant note de tous
les détails de cette scène et de l'heure où il reçoit cet
avertissement, auquel il peut à peine croire lui-même...
Quelque temps après des nouvelles arrivent qui confir-
ment la parfaite vérité de la vision (1).

Nous tenons cette anecdote et plusieurs autres analogues de la bouche même du docteur du Planty.

En vérité, monsieur, nous ne savons s'il n'est pas

_____

(1) En réalité le temps n'existe pas : *ce qui a été, ce qui est,
ce qui sera est éternellement vivant dans la lumière spirituelle.*

plus absurde et surtout plus superstitieux d'admettre de pareilles choses sans vouloir leur assigner une cause naturelle, que d'y reconnaître les manifestations d'un monde supérieur qui nous donne tant de preuves de son influence sur le nôtre.

Interrompons un instant le cours de nos narrations pour donner la clef d'un événement fort simple arrivé récemment en Amérique, événement dont on fait grand bruit, et à l'aide duquel on prétend, par ignorance des causes qui l'ont amené, renverser la doctrine spiritualiste.

On lit dans le *Scientific American* du 11 juillet :

« *Les médiums jugés.* — Il y a quelque temps, une offre de 500 dollars (2,500 francs) avait été faite, par l'intermédiaire de *Boston Courier,* à toute personne qui, en présence et à la satisfaction d'un certain nombre de professeurs de l'Université de Cambridge, Harvard, reproduirait quelques-uns de ces phénomènes mystérieux que les spiritualistes disent communément avoir été produits par l'intermédiaire des agents appelés *médiums.*

« Le défi fut accepté par le docteur Gardner et par plusieurs personnes qui se vantaient d'être en com-

munication avec les esprits. Les concurrents se réunirent
dans les bâtiments d'Albion à Boston, la dernière semaine de juin, tout prêts à donner la preuve de leur
puissance surnaturelle. Parmi eux on remarquait les
jeunes filles Fox, devenues si célèbres par leur supériorité en ce genre. La commission, chargée d'examiner
les prétentions des aspirants au prix, se composait des
professeurs Pierre, Agassiz, Gould et Horsford, de
Cambridge, tous quatre savants très-distingués. Les
essais spiritualistes durèrent plusieurs jours ; jamais
les médiums n'avaient trouvé une plus belle occasion
de mettre en évidence leur talent ou leur inspiration ;
mais, comme les prêtres de Baal aux jours d'Elie, ils
invoquèrent en vain leurs divinités, ainsi que le prouve
le passage suivant du rapport de la commission :

« La commission déclare que le docteur Gardner
« n'ayant pas réussi à lui présenter un agent ou mé-
« dium qui révélât le mot confié aux esprits dans une
« chambre voisine ; qui lût le mot anglais écrit à l'in-
« térieur d'un livre ou sur une feuille de papier pliée ;
« qui répondît à une question que les intelligences
« supérieures peuvent seules savoir ; qui fît résonner
« un piano sans le toucher ou avancer une table d'un
« pied sans l'impulsion des mains ; s'étant montré

« impuissant à rendre la commission témoin d'un
« phénomène que l'on pût, même en usant d'une
« interprétation large et bienveillante, regarder comme
« l'équivalent des épreuves proposées; d'un phénomène
« exigeant pour sa production l'intervention d'un es-
« prit, supposant ou impliquant du moins cette
« intervention ; un phénomène inconnu jusqu'ici à la
« science ou dont la cause ne fût pas immédiatement
« assignable par la commission, palpable pour elle ;
« n'a aucun titre pour exiger du *Courrier de Boston*
« la remise de la somme proposée de 2,500 francs. »

Le *Siècle*, l'*Estafette*, le *Pays* et plusieurs autres
feuilles ou Revues se sont plu à reproduire en France
cet article du journal américain, en y ajoutant toutes
sortes de commentaires dans une intention de mali-
gnité.

S'ils s'étaient adressés à des personnes compétentes
en cette matière, les rédacteurs de ces journaux auraient appris que, loin de porter atteinte à la réalité des
manifestations spiritualistes, cet incident *en est la
preuve la plus évidente.*

En effet, des prestidigitateurs auraient aussi bien
exécuté leurs tours devant les personnes chargées de
les examiner qu'ils les avaient exécutés devant le pu-

blic. Robert Houdin réussit également devant un ignorant ou devant un académicien.....

De plus, ces publicistes auraient appris que le rayonnement de l'incroyance, plus fort que celui des médiums (1), avait annihilé en ceux-ci la puissance de la foi, au moyen de laquelle ils obtiennent habituellement le secours des forces invisibles.

Le Christ lui-même ne pouvait obtenir de guérison dans le pays où il est né, parce que chacun disait de lui : « Qu'est-il de plus que nous? N'est-ce pas là le fils du charpentier Joseph?..... » C'est pourquoi il s'écriait en s'éloignant de Nazareth : « Nul n'est prophète en son pays. »

Au surplus, nous allons donner la contre-partie de ce fait, qui semble aux esprits superficiels si concluant contre le spiritualisme.

C'est à l'obligeance du docteur du Planty que nous sommes encore redevable de ce récit.

Un soir que la société magnétique dont il est président rassemblait un grand nombre de personnes, un

_____

(1) Toute action est la résultante du plus ou du moins de déploiement de l'une des deux forces attractive ou répulsive. Tel est le théorème puissantiel de la foi. (Docteur CLEVER DE MALDIGNY. *Journal du Magnétisme*, 25 juillet 1857.)

ecclésiastique se présente (les séances de cette réunion sont publiques), le mettant au défi de produire quoi que ce soit sur lui.

Toutefois, quelle que fut la victoire que se promettait un antagoniste qui paraissait maître d'une puissante volonté, à peine le magnétiseur eut-il fait quelques passes, qu'il vit son sujet entrer en somnambulisme, au point qu'il put commander avec certitude d'obéissance à son provocateur d'aller s'asseoir sur les genoux de deux dames. Ce triomphe, comme on le pense bien, jeta le patient dans une grande stupéfaction au moment du réveil....

A quoi attribuer ce résultat foudroyant obtenu sur une personne si disposée à la résistance? Aux rayonnements nombreux de tous ces magnétiseurs réunis, qui brisèrent sous le faisceau de leur pouvoir, et pour la plupart sans en avoir conscience, la volonté opposée de celui qui venait les braver.

C'est ce qui, en sens contraire, est arrivé aux médiums d'Amérique.

« Dans mille occasions, dit Puységur, Newton lui-même n'avait cessé de répéter qu'il croyait *les corps mus par des agents invisibles qui* jusqu'alors *s'étaient refusés à tous les moyens de constater leur existence.* »

Newton proclamant comme nous l'existence d'*agents invisibles qui meuvent la matière,* cela, monsieur, ne vous semble-t-il pas au moins extraordinaire (1)?

Nous comprenons votre étonnement; mais que voulez-vous? il en est ainsi, et nous n'en pouvons mais.

En cherchant avec soin, nous en trouverions bien d'autres, et des meilleurs, qui ne sont pas si éloignés qu'on le pense des idées que nous soutenons. Laissons les anciens, si vous le voulez, et prenons au hasard parmi les modernes (parmi les modernes non magnétistes bien entendu).

Nous ne dirons rien des Cazotte, des Rohan, et de mille autres hommes du monde du dix-huitième siècle, parce qu'on est convenu de les considérer comme des cerveaux malades; mais nous trouvons quelque part dans Mme de Genlis, qu'on ne peut guère suspecter de mysticisme :

« Imaginer que tous les morts reviennent pour effrayer les vivants, *c'est une idée de servante,* et c'est ce

(1) Virgile l'avait dit avant lui.

Mens agitat molem et magno se corpore miscet.

L'esprit meut la matière et régit l'univers.

Presque tous les poètes de l'antiquité étaient initiés aux mystères sacrés.

qu'on appelle *croire aux revenants*. Mais penser qu'il
n'est pas impossible que ceux qui nous ont passionné-
ment aimés puissent, après la mort, par une permis-
sion divine, vous manifester leur immortalité, c'est
une opinion qui n'a rien d'absurde, quand on croit
que l'âme nous survit. »

Et Mme de Genlis, en parlant ainsi, n'était que
l'écho des croyances populaires que, malgré leurs im-
pitoyables efforts, les philosophes sceptiques n'avaient
pu complétement bannir des âmes.

Parmi les contemporains, les adhésions au spiritualisme deviennent tellement multipliées, que nous ne
saurions les énumérer sans fatiguer l'attention de nos
lecteurs. Nous choisirons donc, entre toutes ces profes-
sions d'une foi qui revient, celle d'un de nos plus spirituels écrivains, M. Auguste Vacquerie. Celui-là, du
moins, est franc et vaillant; il repousse hardiment,
dans l'exposé de son opinion, les suggestions de cette
lâche faiblesse qui se réfugie sous le *faux* titre de
respect humain (le *vrai* respect humain réside en la
vérité). Écoutez-le :

« ..... Si je crois aux revenants? Je ne les crois
pas impossibles. *Je t'avoue que je n'ai pas le mètre
avec lequel on mesure le possible. Je rougis de*

10

mon ignorance, *mais je ne connais pas la fin de l'infini.*

« Ce que je crois fermement, *c'est que les morts vivent.* Où vivent-ils? Vraisemblablement dans ces mondes innombrables que nous voyons la nuit. Il y en a sans doute aussi qui ne montent pas si haut tout de suite, qui sont forcés de rester près du lieu où ils ont commis quelques fautes non expiées, ou qui ont laissé ici quelque être cher dont ils ne peuvent s'éloigner; *ceux-là habitent notre atmosphère.* Je m'imagine que tous les étages de la maison terrestre sont occupés : sous l'eau les poissons, l'homme sur le pont du navire, au-dessus des voiles les oiseaux, au-dessus des ailes les morts.

« Les poissons ne voient l'homme que lorsque l'hameçon du pêcheur les tire hors de l'eau; pour eux, voir l'homme, c'est mourir. Nous aussi, c'est en mourant que nous voyons les morts. — Et qui sait si, quand nous mourons, ce ne sont pas les morts qui nous pêchent, si les maladies, les passions, les suicides ne sont pas les hameçons des habitants d'une zone supérieure, si une bataille n'est pas un bon coup de filet?

« En attendant que la mort leur montre les hommes, les poissons peuvent entrevoir çà et là un plongeur qui descend brusquement dans la vague et remonte. Pourquoi n'y aurait-il pas aussi des plongeons de morts? *Si une alose racontait sous l'eau qu'elle a vu des êtres sans nageoires, il est probable que les vieux turbots sceptiques se moqueraient de sa simplicité et que les sages morues secoueraient dédaigneusement la tête.*

« Socrate et Jeanne d'Arc ont certainement entendu des voix mystérieuses. Pendant que Luther écrivait, des êtres sans noms ricanaient autour de lui, et il leur jetait son encrier à la figure. *Je crois aux esprits frappeurs d'Amérique, attestés par quatorze mille signatures.* Nous avons, toi et moi, entendu de nos oreilles et vu de nos yeux des tables dicter des pages tellement sublimes, qu'en supposant une mystification, Robert-Macaire n'aurait pas suffi, il aurait fallu Dante! Et Dante lui-même n'aurait pas suffi; Dante n'a pas improvisé son poëme; au lieu que la table dictait dès qu'on voulait; le jour, le soir, les mains n'avaient qu'à la toucher, sur une question imprévue faite par n'importe qui, elle allait, elle causait, elle discutait, elle répliquait aux objections, pendant des heures.

« Si les morts peuvent nous parler, pourquoi ne pourraient-ils pas nous apparaître?

« Une chose m'a toujours frappé : c'est que tous

les grands poëmes sont pleins d'apparitions. On en
rencontre à chaque pas dans la Bible et dans l'Iliade.
Eschyle et Shakspeare en sont peuplés. Il y a des
revenants sur les deux cimes du théâtre, l'*Orestie* et
Hamlet. Ceci me touche singulièrement, moi qui
pense que le beau, c'est le vrai.

« Eschyle croyait-il à l'ombre de Clytemnestre ? Shakspeare croyait-il au fantôme du père d'Hamlet, au
spectre de Banquo, aux visions de Richard III ? Oui,
évidemment. Ils n'auraient pas bâti exprès leurs principaux drames sur le vide. « Il y a plus de choses
« dans le ciel et sur la terre, Horatio, qu'il n'en est rêvé
« dans votre philosophie. » On douterait de la croyance
de Shakspeare, qu'il serait difficile de douter de celle
d'Eschyle, qui était pythagoricien. « Les pythagori-
« ciens, dit Apulée, étaient étonnés toutes les fois que
« quelqu'un prétendait n'avoir jamais vu d'esprit. »

« Élargissons la famille humaine ! Nous nous trouvons bien vastes parce que notre humanité ne renie
plus les parias comme l'Inde, les barbares comme la
Grèce, les esclaves comme la Rome des empereurs, les
hérétiques comme la Rome des papes ; parce que nous
ne disons plus comme l'Agora : le droit de l'Athénien ;
ni comme le Forum : le privilége du citoyen romain ;

ni comme le Vatican : le paradis du catholique ; — mais comme la tribune de la Convention : le droit de l'homme ! Nous n'avons pas tout fait. La famille n'est pas complète. Nous sommes en train de reconnaître le prolétaire, la femme, l'enfant, le nègre ; mais quand nous leur aurons restitué leur part d'héritage, il restera encore des déshérités. Moi, ma famille, c'est tout ! Les hommes d'abord, — et puis les animaux, les plantes, les métaux, — et puis les morts. Tout le monde et tous les mondes. J'ouvre mes bras de toute leur étendue, et je voudrais serrer l'immensité sur mon cœur. »

Qu'ajouterons-nous, monsieur, à de si recommandables témoignages, qui suffiraient seuls à faire adopter une thèse cent fois moins prouvée que la nôtre? De tous côtés les preuves abondent à l'appui des vues prodigieuses de l'âme, vues naturelles autant qu'indéniables, et devant lesquelles cependant les académies s'obstinent à demeurer aveugles.

Tandis que l'on imprime notre livre, voici ce que publie la *Presse* :

« On lit dans le *Courrier de Lyon* :

« Dans la nuit du 27 au 28, un cas singulier de vision intuitive s'est produit à la Croix-Rousse, dans les circonstances suivantes :

« Il y a trois mois environ, les mariés B..., honnêtes ouvriers tisseurs, mus par un sentiment de louable commisération, recueillaient chez eux, en qualité de domestique, une jeune fille des environs de Bourgoin, légèrement idiote, qu'ils rencontraient sur la route de Brignais, où est située leur campagne.

« Dimanche dernier, entre deux et trois heures du matin, les époux B... furent réveillés en sursaut par les cris perçants poussés par leur domestique, qui couchait dans une soupente de l'atelier contiguë à leur chambre.

« Madame B..., allumant une lampe, monta sur la soupente et trouva sa domestique qui, fondant en larmes, et dans un état d'exaltation d'esprit difficile à décrire, appelait, en se tordant les bras dans d'affreuses convulsions, sa mère qu'elle venait de voir mourir, disait-elle, devant ses yeux.

« Après avoir de son mieux consolé la jeune fille, madame B... regagna sa chambre. Cet incident était presque oublié, lorsque hier mardi, dans l'après-midi, un facteur de la poste remit à M. B... une lettre du tuteur de la jeune fille qui apprenait à cette dernière que, dans la nuit de dimanche à lundi, entre deux et trois heures du matin, sa mère était morte des suites

d'une chute qu'elle avait faite en tombant du haut
d'une échelle.

« La pauvre petite idiote est partie hier matin même
pour Bourgoin, accompagnée de M. B..., son patron,
pour y recueillir la part de succession qui lui revient
dans l'héritage de sa mère, dont elle avait si tristement
vu en songe la fin déplorable. »

Demandez aux rédacteurs du *Courrier de Lyon* et à
ceux de la *Presse* quelle est leur opinion sur ce fait
qu'ils racontent à leurs lecteurs...

Hélas ! nous craignons bien qu'eux aussi ne se trouvent dans la nécessité d'avouer qu'ils sont, comme les
organes de la *science officielle*, dans l'impossibilité
d'en donner une explication satisfaisante. Et pourtant
ne sont-ce pas ces mêmes feuilles qui ont la mission
d'éclairer le public sur le faux ou le vrai de toutes choses ? Ne sont-ce pas ces mêmes feuilles qui jettent si
souvent le sarcasme et le ridicule sur des ouvrages
qu'elles n'ont pas toujours lus et qui pourraient peut-
être leur donner le mot de tous ces mystères.

Il y a quelque temps, un de nos journaux reprochait
aux publicistes allemands d'être trop érudits et surtout
trop enclins aux discussions philosophiques. Sans vouloir porter nulle atteinte au talent dont les journalistes

français nous donnent tant de preuves, nous sommes
forcé de constater qu'on ne saurait raisonnablement
leur adresser le même reproche.

Nous trouvons dans une brochure de M. de Lies-
ville, publiée pour la défense d'un ouvrage de M. de
Frarière sur l'*éducation antérieure,* le passage suivant,
qui nous semble mériter d'être pris en considération.

« J'ai dit que ceux qui se posent en arbitres de l'o-
pinion publique devaient considérer comme un devoir
sacré de rechercher avant tout la vérité, et on a vu
quelles pouvaient être les suites fâcheuses d'un jugement inconsidéré, surtout lorsqu'il s'agit de questions
qui intéressent au plus haut point l'avenir de l'humanité. Ne sont-ils donc pas coupables envers la société
tout entière, ceux qui, pour un motif quelconque, usent
du pouvoir exorbitant qu'ils se sont arrogé pour in-
duire le public en erreur et l'amener à repousser ce
qui lui serait avantageux? Il est vrai que plusieurs
d'entre eux peuvent alléguer leur ignorance comme
circonstance atténuante ; mais est-ce bien là une excuse
suffisante ?... »

Tout en reconnaissant la justesse de cette observation, peut-être n'aurions-nous pas osé la formuler
d'une façon aussi nette.

Toutefois, hâtons-nous de le dire, si le journalisme en général laisse quelque chose à désirer sous le rapport du *sérieux* de ses appréciations, nous nous plaisons à reconnaître hautement la prudence et le bon vouloir de la plupart de ceux qui le dirigent. Que nos corps savants donnent l'exemple, et la presse ne tardera pas à les suivre sur un terrain qui ne peut que lui être si favorable. Mais il faut pour cela, nous le comprenons, donner des garanties à la science, et, pour notre part, nous nous efforçons d'en indiquer les moyens. Ce n'est pas en publiant çà et là des brochures sous l'anonyme ou le pseudonyme, comme l'ont fait certains magnétistes, qu'on peut se flatter d'arriver à ce résultat. Il faut, si l'on veut se faire croire, proclamer sans crainte les motifs de sa foi, en faisant complète abnégation de soi-même...

Voilà pourquoi, monsieur, si nous n'avons pas réussi à vous convaincre de l'irréfutabilité de nos arguments, nous osons penser du moins avoir réussi à vous convaincre de la loyauté de nos affirmations.

Eh! mon Dieu! qu'y a-t-il donc de si inadmissible dans tout cela? Avons-nous donc, pour employer l'énergique expression de M. Auguste Vacquerie, le mètre à l'aide duquel on mesure le possible? Qui de nous peut tracer la barrière où s'arrête le pouvoir de l'homme (1)?

Au mois d'avril 1849, M. de Humboldt écrivit à l'Académie des sciences pour lui communiquer la *découverte* de M. du Bois-Reymond, qui avait fait devant lui dévier l'aiguille aimantée de la boussole, par

---

(1) Rappelez-vous ce fait que les organes de la presse parisienne publiaient en ces termes il y a quelques années.

« Il nous vient toujours du nouveau de l'Afrique, » disaient les Romains. — « Il nous vient toujours quelque chose d'extraordinaire de l'Inde, » pourrions-nous dire à notre tour. Car si l'Afrique nous est mieux connue qu'elle ne l'était aux anciens, l'Orient est encore pour nous un pays de féerie et de mystères.

« Par exemple, ce fakir dont nous allons parler n'a certes pas eu, jusqu'à présent, son pareil en Europe. C'est un original autrement habile que les jongleurs indiens qui restent suspendus en l'air, qui se tiennent debout sur un seul pied pendant des mois entiers, qui jouent avec des serpents venimeux, ou qui marchent sur des charbons ardents. Il ne se contente même pas de se nourrir d'air comme les anciens ascètes des épopées indiennes, il s'en passe tout à fait, il se laisse enterrer vivant à quelques mètres sous terre, et après des semaines et des mois, il sort de sa tombe aussi bien portant que jamais.

« Quelle absurdité! la belle invention! s'écrieront quelques personnes. — Attendez. Ne vous hâtez pas de vous scandaliser. Ceci n'est pas un conte fait à plaisir. Voici nos autorités.

« M. Osborne, officier anglais, qui a séjourné quelque temps dans l'Inde, a publié il y a deux ans (en 1840) la description de la cour du roi Randjit-Singh. C'est dans ce livre, écrit avec bonne foi, que nous trouvons sur le fakir « qui se fait enterrer » les détails suivants:

la seule émission du fluide nerveux, sans contact, expérience qu'il avait renouvelée plusieurs fois lui-même. Au reste voici un extrait de la lettre de M. de Humboldt :

« Cette déviation s'opère à de très-grandes distances, et cesse dès que la volonté ne tend plus les muscles...

« Le 6 juin(1838), dit M. Osborne, la monotonie de notre vie de camp fut heureusement interrompue par l'arrivée d'un individu célèbre dans le Pendjab. Il jouit parmi les Sikhs d'une grande vénération à cause de la faculté qu'il a de rester enseveli sous terre aussi longtemps qu'il lui plaît. On rapportait dans le pays des faits si extraordinaires sur cet homme, et tant de personnes respectables en garantissaient l'authenticité, que nous étions extrêmement désireux de le voir. Il nous raconta lui-même qu'il exerçait ce qu'il appelle son *métier* celui de se faire enterrer) depuis plusieurs années; on l'a vu en effet répéter cette étrange expérience sur divers points de l'Inde. Parmi les hommes graves et dignes de foi qui en rendent témoignage, je dois citer le capitaine Wade, agent politique à Lodhiana. Cet officier m'a affirmé très-sérieusement avoir assisté lui-même à la *résurrection* de ce fakir après un enterrement qui avait eu lieu, quelques mois auparavant, en présence du général Ventura, du maharadja et des principaux chefs sikhs. Voici les détails qu'on lui avait donnés sur l'enterrement, et ceux qu'il ajoutait, d'après sa propre autorité, sur l'exhumation.

« A la suite de quelques préparatifs qui avaient duré quelques jours et qu'il répugnerait d'énumérer, le fakir déclara être prêt à subir l'épreuve. Le maharadja, les chefs sikhs et le général Ventura se réunirent près d'une tombe en maçonnerie construite exprès pour le recevoir. Sous leurs yeux, le fakir ferma avec de la cire, à l'exception de la bouche, toutes les ou-

L'expérience qui constate l'effet de la volonté de l'homme roidissant alternativement les muscles des deux bras ne laisse aucune place au doute. Malgré mon grand âge, et le peu de force que j'ai dans les bras, les déviations de l'aiguille ont été très-fortes; elles ont été naturellement plus fortes chez M. Jean Müller,

vertures de son corps qui pouvaient donner entrée à l'air; puis il se dépouilla des vêtements qu'il portait : on l'enveloppa alors d'un sac de toile, et, suivant son désir, on lui retourna la langue en arrière de manière à lui boucher l'entrée du gosier; aussitôt après cette opération le fakir tomba dans une sorte de léthargie. Le sac qui le contenait fut fermé, et un cachet y fut apposé par le maharadja. On plaça ensuite ce sac dans une caisse de bois cadenassée et scellée qui fut descendue dans la tombe : on jeta une grande quantité de terre dessus, on foula longtemps cette terre et on y sema de l'orge; enfin des sentinelles furent placées tout alentour avec ordre de veiller jour et nuit.

« Malgré toutes ces précautions, le maharadja conservait des doutes; il vint deux fois dans l'espace de dix mois, temps pendant lequel le fakir resta enterré, et il fit ouvrir devant lui la tombe; le fakir était dans le sac tel qu'on l'y avait mis, froid et inanimé. Les dix mois expirés, on procéda à l'exhumation définitive du fakir. Le général Ventura et le capitaine Wade virent ouvrir les cadenas, briser les scellés et élever la caisse hors de la tombe. On retira le fakir : nulle pulsation soit au cœur, soit au pouls, n'indiquait la présence de la vie. Comme première mesure destinée à le ranimer, une personne lui introduisit très-doucement le doigt dans la bouche et replaça sa langue dans la position naturelle. Le sommet de la tête était seul demeuré le siége d'une chaleur sensible. En versant lentement de l'eau chaude sur le corps on obtint peu à peu quelques signes de vie :

notre grand anatomiste, et chez M. Helmkotz, auteur
de travaux physiologiques importants, qui se sont
rendus avec moi chez M. Emile du Bois-Reymond. »

« Quand M. Arago donna lecture de cette lettre à
l'Académie, dit l'*Union magnétique* du 25 septembre
dernier, M. Magendie ouvrit de grands yeux, et un

après deux heures de soins, le fakir se releva et se mit à marcher en souriant.

« Cet homme vraiment extraordinaire raconte que, durant
son ensevelissement, il a des rêves délicieux, mais que le moment du réveil lui est toujours très-pénible. Avant de revenir
à la conscience de sa propre existence, il éprouve des vertiges.

« Il est âgé d'environ trente ans; sa figure est désagréable et
a une certaine expression de ruse.

« Nous causâmes longtemps avec lui, et il nous offrit de se
faire enterrer en notre présence. Nous le prîmes au mot, et
nous lui donnâmes rendez-vous à Lahore en lui promettant de
le faire rester sous terre tout le temps que durerait notre séjour
dans cette ville. »

« Tel est le récit de M. Osborne. Cette fois encore le fakir se
laissa-t-il enterrer? La nouvelle expérience pouvait être décisive.
Voici ce qui arriva.

« Quinze jours après la visite du fakir à leur camp, les officiers
anglais arrivèrent à Lahore; ils y choisirent un endroit qui leur
parut favorable, firent construire une tombe en maçonnerie
avec une caisse en bois bien solide, et demandèrent le fakir.
Celui-ci les vint trouver le lendemain en leur témoignant le
désir ardent de prouver qu'il n'était pas un imposteur. Il avait
déjà, disait-il, subi les préparatifs nécessaires à l'expérience;
son maintien trahissait cependant l'inquiétude et l'abattement.
Il voulut d'abord savoir quelle serait sa récompense : on lui

sourire ironique se dessina sur les lèvres de M. Becquerel. M. Magendie fit observer : qu'en admettant qu'il y eût déviation de l'aiguille, ce n'était pas à la volonté qu'il fallait l'attribuer, mais bien au muscle qui se contractait. A la séance suivante MM. Despretz et Becquerel vinrent lire chacun un mémoire sur ce sujet.

promit une somme de quinze cents roupies, et un revenu de deux mille roupies par an que l'on se chargerait d'obtenir du roi. Satisfait sur ce point, il voulut savoir quelles précautions on comptait prendre; les officiers lui firent voir l'appareil de cadenas et de clefs, et l'avertirent que des sentinelles choisies parmi les soldats anglais veilleraient alentour pendant une semaine. Le fakir se récria et exhala force injures contre les *Frenghis*, contre les incrédules qui voulaient lui ravir sa réputation; il exprima le soupçon que l'on voulût attenter à sa vie; il refusa de s'abandonner ainsi complétement à la surveillance des Européens; il demanda que des doubles clefs de chaque cadenas fussent remises à quelqu'un de ses coreligionnaires, et il insista surtout pour que les factionnaires ne fussent pas des ennemis de sa religion. Les officiers ne voulurent point accéder à ces conditions. Différentes entrevues eurent lieu sans résultat; enfin le fakir fit savoir par un des chefs sikhs que le maharadja l'ayant menacé de sa colère s'il ne remplissait pas son engagement avec les Anglais, il voulait se soumettre à l'épreuve, bien qu'entièrement convaincu que le seul but des officiers était de lui ôter la vie, et qu'il ne sortirait jamais vivant de sa tombe : les officiers déclarèrent que comme sur ce dernier point ils partageaient complétement sa conviction, et qu'ils ne voulaient pas avoir sa mort à se reprocher, ils le tenaient quitte de sa promesse.

     « Ces hésitations et ces craintes du fakir sont-elles des preuves

Tous les deux avaient répété l'expérience de M. du
Bois-Reymond; mais tandis que M. Despretz, ayant
obtenu des résultats tantôt positifs, tantôt négatifs,
laissait la question douteuse et n'osait se prononcer
ouvertement contre ce qu'avaient vu MM. de Humboldt, Müller et Helmkotz, M. Becquerel tranchait le

péremptoires contre lui? En résulte-t-il que toutes les personnes qui auparavant ont soutenu avoir vu les faits sur lesquels
repose sa célébrité aient voulu en imposer ou aient été les dupes
d'une habile fourberie? Nous avouons que nous ne pouvons
douter, d'après le nombre et le caractère des témoins, que le
fakir ne se soit fait souvent et réellement enterrer; mais admettant même qu'après l'ensevelissement il ait réussi chaque
fois à communiquer avec le dehors, il serait encore inexpli-
cable comment il aurait pu rester privé de respiration pendant
tout le temps qui s'écoulait entre son enterrement et le moment
où ses complices lui venaient en aide. M. Osborne cite en note
un extrait de la *Topographie médicale de Lodhiana*, du docteur
Mac Gregor, médecin anglais qui a assisté à une des exhuma-
tions, et qui, témoin de l'état de léthargie du fakir et de son
retour graduel à la vie, cherche sérieusement à l'expliquer. Un
autre officier anglais, M. Boileau, dans un ouvrage publié il y
a quelques années, raconte qu'il a été témoin d'une autre expérience où tous les faits se sont passés de la même manière. Les
personnes qui voudraient satisfaire plus amplement leur curiosité, celles qui verraient dans ce récit l'indication d'un curieux
phénomène physiologique, peuvent remonter avec confiance
aux sources que nous venons d'indiquer.

« Quant à nous, ayant appris, il y a quelques mois, que le
général Ventura était à Paris, nous avons été le visiter pour lui
soumettre nos doutes : il nous a raconté les détails de l'expé-

nœud en niant la possibilité d'un pareil résultat, et attribuait les déviations obtenues à des manques de précaution de la part des expérimentateurs d'Allemagne, précautions qui, prises par lui, n'avaient laissé subsister aucun doute sur l'exactitude de ses résultats.

« L'affaire en était là, lorsqu'une nouvelle lettre de M. de Humboldt vint reprocher à l'Académie de Paris le peu d'égards qu'on avait eus pour sa vieille expérience, et donna un nouveau et brillant témoignage des faits avancés. M. Milscherlich, habile physicien et chimiste des plus distingués, avait vu et répété l'expérience de M. du Bois-Reymond et venait appuyer de sa voix l'assertion des hommes éminents qui avaient déjà précédemment constaté le fait.

« L'Académie resta interdite à cette assertion, et personne ne se leva pour réclamer.

« Et pourtant le docte corps, entrevoyant les joies de Mesmer, persista dans son irrévérence envers Humboldt et passa à d'autres exercices.

« M. l'abbé Moigno profita de cet événement scien-

---

rience faite en sa présence avec toutes les circonstances rapportées par M. Osborne. »

M. du Potet assure également avoir reçu du général Ventura la complète affirmation de l'authenticité de ce fait inqualifiable.

tifique pour lancer son petit manifeste contre le magnétisme animal.

— « Même en admettant, s'écria-t-il dans le feuille-
« ton de la *Presse*, la réalité du fait annoncé par M. de
« Humboldt, quel rapport y a-t-il entre l'aiguille astati-
« que et vos influences mystérieuses, extra-lunaires,
« qui endorment, font découvrir les secrets les plus
« cachés, transportent dans les lieux les plus inaccessi-
« bles, révèlent les causes des maladies les plus bi-
« zarres, font deviner les remèdes les plus ignorés en
« même temps que les plus efficaces, etc., etc. ? »

« Dans le même article, M. l'abbé Moigno avoue qu'il
a été *contristé*, *irrité*, de la découverte en question,
parce que, « une aiguille aimantée, mue à distance par
« la volonté de l'homme, c'était donner gain de cause
« à ces nuées de charlatans qui, sous le nom de magné-
« tiseurs, font aujourd'hui encore tant de dupes... »

« Les enfants de Mesmer sont habitués depuis longtemps à ce débordement d'injures de la part des
savants de profession. Mais M. Moigno est abbé : et
un peu de charité chrétienne, ce me semble, n'aurait
pas déparé ses feuilletons.

« Pour en revenir à la déviation de l'aiguille par l'é-
mission du fluide magnétique, il est temps de restituer

11

la priorité de cette découverte à qui de droit, c'est-à-dire à MM. Lafontaine et Thilorier.

« Pour nous la réalité du fait est démontrée. Nous en avons été nous-même témoin oculaire. En mars 1853, pendant son court séjour à Paris, M. Lafontaine nous fit personnellement assister à cette curieuse expérience, qui réussit complétement.

« Et tout récemment, le 7 juin 1857, M. Lafontaine nous écrivait de Genève :

« Mes expériences sur les aiguilles ont été répétées « dans tous mes cours, non-seulement par moi, mais « par tous mes élèves; non-seulement à Genève, mais « dans toutes les villes où j'ai donné des cours de ma-« gnétisme. »

« Et le 14 juillet suivant, il nous disait dans un *post-scriptum* :

« Tous mes élèves s'amusent, dans mes cours et « chez eux, à faire mouvoir l'aiguille par l'émission du « fluide. »

Que dites-vous, monsieur, de cette petite comédie académique? Ne vous semble-t-elle pas jeter un grand jour sur la manière dont MM. de l'Académie s'y prennent pour *enterrer* les rapports de leurs collègues qui les contrarient dans leur parti pris d'incroyance quand même? M. l'abbé Moigno (1) n'avoue-t-il pas, dans sa colère d'*enfant terrible*, que l'affirmation de MM. de Humboldt, Müller et Helmkoltz donnerait gain de cause aux magnétiseurs, si elle se trouvait vérifiée? Or, pour ne pas admettre les assertions de ces messieurs, il faut supposer qu'ils étaient, eux aussi, charlatans ou fous, ce qui ne s'allie guère avec leur qualité d'académiciens...

Mais, direz-vous peut-être, ce sont là des faits iso-

(1) Afin de rassurer certaines consciences, nous croyons devoir dire que tous les membres du clergé sont loin de partager l'opinion de M. l'abbé Moigno sur le magnétisme animal. M. l'abbé Loubert a fait un excellent ouvrage magnétique auquel M. le docteur de la Salzède, que nous avons cité, a emprunté une grande partie des pièces justificatives relatées dans ses *Lettres sur le magnétisme animal.*

Un grand nombre d'autres ecclésiastiques, parmi lesquels nous placerons en première ligne le père Lacordaire, ont confirmé, soit dans leurs écrits, soit même dans des sermons publics, l'existence irrécusable des phénomènes magnétiques.

Inutile de rappeler que l'Eglise a toujours admis l'existence d'esprits bons et mauvais, sous le nom d'*anges* et de *démons.*

Quant à ceux qui craindraient de voir les magnétiseurs abuser de leur puissance dans l'intérêt de mauvaises passions, nous les renvoyons au docteur Charpignon, qui démontre dans son ouvrage *l'impossibilité d'agir pour le mal contre la volonté du sujet magnétisé.* (CHARPIGNON. *Physiologie, médecine et métaphysique du magnétisme,* p. 377.) Puységur affirme la même chose et donne des faits à l'appui de son assertion.

lés (**1**), et la science académique n'a jamais admis le magnétisme. C'est encore une erreur, monsieur, et vous pouvez vous en assurer en lisant ce rapport signé de nos notabilités scientifiques.

(1) Parmi les hommes qui partagent nos croyances, nous comptons aujourd'hui plusieurs membres des académies.

Ce fragment d'une lettre adressée par M. de Saulcy à M. le marquis de Mirville, et publiée par ce dernier dans son ouvrage sur les *Esprits et les manifestations fluidiques,* ne laisse aucun doute à ce sujet :

« *Je crois,* dit-il, *à l'existence de faits que souvent notre volonté ne saurait produire... Je crois, dans ce cas, à l'intervention d'une intelligence différente de la nôtre,* etc. »

Quel acte de courage de la part d'un membre de l'Institut! Aussi cet honorable opinant se souvient qu'il était officier d'artillerie. Cette profession de foi semblera peut être plus concluante encore que l'adhésion de notre grand poëte exilé. Les poëtes, on les accuse si facilement de fol enthousiasme! En tout temps, du reste, on a reconnu que certains malades recevaient pendant le sommeil naturel des communications relatives aux remèdes propres à les guérir.

« La vue en songe, par quelques malades, dit Charpignon, dans l'ouvrage que nous avons déjà cité, a été admise par un grand nombre de médecins : Hippocrate (*), *Traité des songes,* — *des humeurs*; Aristote, *Divination dans le sommeil*; Gallien, *Opuscule sur les songes,* — *Commentaires sur le pronostic*; Arétée, *Des causes des maladies*; Bacon, *De l'accroissement des sciences*; Sauvage, Bordeu, et plusieurs contemporains. »

Comment la science *purement organique* explique-t-elle de semblables visions?

(*) Hippocrate, qu'un grand nombre de nos savants prétendait n'avoir jamais existé et dont on vient tout récemment de retrouver le tombeau...

« Le 7 juillet 1838, à quatre heures de relevée, MM. Arago, Orfila, Ribes, Gerdy, Réveillé-Parise. Bousquet et Mialle, se sont réunis chez M. Pigeaire, pour être témoins d'une expérience dite magnétique. Le sujet de l'expérience est Mlle Pigeaire, âgée de douze ans.

« On dit que lorsque cette jeune personne est en état de somnambulisme magnétique, elle a la singulière propriété de lire les yeux recouverts d'un bandeau parfaitement opaque.

« L'objet de l'expérience était de vérifier le fait.

« Le bandeau, large de six travers de doigt, est composé d'une bande de toile fine, que l'on applique d'abord sur les yeux, puis on met deux tampons de coton en rame, et finalement trois couches de velours noir que l'on fixe autour de la tête. Ensuite on colle deux bandes de taffetas d'Angleterre, qui adhèrent aux joues et au nez, et l'on applique encore une bandelette de ce taffetas perpendiculairement de haut en bas, pour ajouter aux adhérences des premières bandelettes, le long du nez.

« M. Arago a appliqué cet appareil sur ses yeux, et il est convenu qu'il n'y voyait rien.

« M. Orfila s'est soumis à la même application et a

déclaré qu'il lui serait impossible de distinguer les ténèbres de la lumière.

« M. Gerdy a dit qu'il distinguait les ténèbres de la lumière, mais qu'il lui serait impossible de voir les objets, même les plus apparents.

« Après ces essais, on a appelé M{}^lle l'igeaire ; elle s'est assise dans un fauteuil auprès d'une table, et après quelques passes faites par sa mère, elle a déclaré qu'elle était suffisamment magnétisée.

« On lui a posé successivement et avec la plus minutieuse attention les diverses pièces dont se compose l'appareil.

« A peine cette application était-elle faite, qu' elle dit qu'elle était malade, qu'elle souffrait de la tête ; elle s'est agitée, elle s'est plainte souvent, tellement, que les témoins, touchés de ses plaintes, ont plusieurs fois invité M{}^me Pigeaire et la somnambule elle-même à remettre la séance à un autre jour.

« A ce moment, M. Gerdy, que ses affaires appelaient ailleurs, a quitté la séance.

« Enfin, après une heure d'attente, la somnambule a dit qu'elle était disposée à lire. M. Orfila tenait à la main une petite brochure in-8°, intitulée : *Compte rendu de la clinique de l'Hôtel-Dieu* ; il l'avait reçue la veille de l'auteur ; elle n'était pas encore coupée.

« Posée *sur la table*, elle a été ouverte à la page 11, et cette page recouverte d'une lame de verre transparente. Alors la somnambule, dans l'attitude d'une personne qui lit, a promené le doigt indicateur de la main droite sur le verre, et a lu distinctement et presque couramment une douzaine de lignes et indiquant exactement la ponctuation. Elle ne s'arrêtait sensiblement que sur les mots qui, tels que ceux de *chirurgie, Dupuytren*, exigeaient de sa part un peu plus d'attention. Arrivée à la fin de la page, M. Arago a tourné quelques feuillets, et la somnambule a lu encore quelques lignes de la page 17.

« Enfin, elle a commencé avec M. Orfila une partie d'écarté, avec l'attention de désigner toujours les cartes qu'elle jetait et celles de son adversaire. Elle ne s'est jamais trompée.

« Les épreuves terminées, un des témoins a détaché le bandeau de haut en bas, lentement et de manière à permettre aux autres de s'assurer qu'aucune pièce de l'appareil ne s'était déplacée. *Le taffetas adhérait si fortement*, qu'il a laissé des traces sensibles sur les joues de la somnambule.

« La séance a duré deux heures. Ont signé : Bousquet, D. M., *secrétaire de l'Académie de médecine;* — Ribes, *de l'Institut, médecin de l'hôtel des Invalides;* — Orfila, *doyen de la Faculté de médecine;* — Réveillé-Parise, D. M.; — Mialle, *littérateur.*

« Six autres procès-verbaux ont constaté le fait que la commission déléguée pour examiner n'a pas voulu observer.

« Depuis, l'Académie a été mise en demeure pour la constatation d'un phénomène semblable, mais la voix des anti-magnétistes a étouffé celle des hommes sages, et l'Académie a déclaré que toute réclamation relative au magnétisme ne serait, à l'avenir, soumise à aucun examen. »

Vous voyez, monsieur, que si l'Académie n'a pas admis le magnétisme, ce n'est pas faute d'en avoir constaté les résultats. Il est même remarquable que M. Dubois d'Amiens et les commissaires qui lui étaient adjoints, dans leur premier rapport sur les expériences de M. Pigeaire, ont nié sans avoir vu, tandis que les académiciens qui ont signé la pièce qui précède n'ont affirmé qu'après un examen consciencieux et suivi pendant dix années.

Quel pas immense cependant les corps savants auraient fait faire au monde s'ils avaient consenti à s'occuper d'une science si digne de fixer leur attention ! On n'en serait plus aujourd'hui à attribuer à des causes surnaturelles les phénomènes du spiritualisme, et, au lieu de perdre un temps précieux à discuter leur existence ou leur non-existence, on rechercherait les moyens d'en faire sortir la lumière et le bonheur pour tous !

Et maintenant, si vous nous demandez ce qu'on doit conclure de tout cela, nous vous répondrons avec un publiciste célèbre de notre époque : Le monde marche, à nous de lui aplanir le chemin ! A nous de dévoiler ce qui semble encore mystérieux, afin d'augmenter la somme de ce progrès dont vous parlez vous-même avec un si grand respect ! Telle est, monsieur, la fin que nous nous proposons en cherchant à répandre des vérités (1) qui ne sont encore que le partage d'un petit nombre.

(1) Tous les faits rapportés par nous dans le cours de cet ouvrage nous ont été *certifiés* par des témoins oculaires, dignes de la plus entière confiance. Nous avons nous-même assisté à plusieurs des expériences que nous avons mentionnées. Ainsi, par exemple, nous avons vu la boussole dévier de plus d'un quart de cercle par la volonté d'un magnétiseur, volonté *exprimée par le regard seul.* Dans notre enfance, nous avons pu constater, dans les yeux de la jeune fille dont parle Chardel, ces deux mots parfaitement tracés : *Napoléon empereur.....* Nous étions très-jeune alors et nous n'en aurions sans doute pas conservé

Vous le savez aussi bien que nous, nos prétendus esprits forts ne sont le plus souvent que des esprits étroits ou des esprits faibles que la sottise humaine empêche de proclamer tout haut les croyances qui sont au fond de leur âme. Il faut leur donner l'exemple du courage.

le souvenir, si notre mère, que ce phénomène avait singulièrement frappée, ne nous en eût souvent rappelé les circonstances. Nous avons entendu et nous entendons encore souvent *des coups frappés, soit dans les murs, soit dans les boiseries, soit dans les meubles, et répondant à la pensée de la manière la plus évidemment intelligente.* Nous avons vu et nous voyons souvent *des jets lumineux passer dans l'air avec rapidité, semblables à des étincelles électriques et se rendant à notre appel intérieur ou venant nous trouver d'eux-mêmes.....* Nous n'avons rien avancé qui ne nous soit *irrécusablement* prouvé, car en pareille matière, nous regarderions la moindre énonciation superflue ou douteuse comme un crime de lèse-humanité.

Mais et sans nul souci des sourires sarcastiques de tous détracteurs, sans nulle crainte des *hallucinations* que la sollicitude de nos amis pourra soupçonner en notre esprit, nous nous faisons un devoir de déclarer en face du public que, depuis l'élaboration de notre livre, il nous est arrivé dernièrement, après quelques expériences de tables, de voir tout à coup, au moment où nous nous y attendions le moins, un des murs de la chambre où nous expérimentions envahi *en tous sens par des lueurs phosphorescentes de diverses couleurs,* allant, venant, se mouvant avec une extrême vitesse et figurant assez bien les ondulations moelleuses de l'alcool en feu... Puis, peu à peu *ce foyer de petites flammes devenant de plus en plus large, l'atmosphère tout entière*

D'ailleurs le temps des superstitions est passé ; notre
siècle n'est pas encore celui de la foi éclairée, mais il
en est le précurseur. Il est le grand *vulgarisateur* destiné
à divulguer toutes choses, à annoncer la fin des mystères. Il précède les siècles unitaires où tous les systèmes se fondront en un seul, avec la foi pour point de

de la chambre nous parut un instant sillonnée de mille raies lumi-
neuses, si apparentes et si bien détachées du fond noir (l'ap-
partement n'était pas encore éclairé), que nous avançâmes involontairement la main pour en saisir une de couleur plus sombre
qui semblait posée sur un des meubles et que nous prîmes
pour un long ruban...

Souvent déjà, comme nous l'avons dit plus haut, nous avions
vu passer dans l'air de nombreux globules étincelants, tantôt
avec lenteur, tantôt comme l'éclair d'une fulguration, mais
jamais nous n'avions assisté à un spectacle pareil à celui que
nous venons de relater.

Le sujet qui nous occupe est la pierre d'assise du bonheur
de l'homme. Il importe donc de lui vouer le tribut de tous nos
efforts. Outre le côté moral de la question, il en dérive beaucoup d'applications usuelles dans la vie ordinaire. Aussi
nous ne voulons pas terminer cet opuscule, écrit tout à la
hâte et peut-être avec trop d'absence de méthode, sans citer
une de nos découvertes modernes que la foule admire partout et que les académiciens n'ont pas encore *expliquée*. Il s'agit
de la merveille du daguerréotype. *C'est l'action de la lumière !...*
proclament *savamment* les académies. C'est bien ! Mais comment cette lumière opère t-elle ? Quel est le *mode effectif* de la
chose ? Nul, que nous sachions, ne l'avait énoncé d'une manière comprehensible, avant le docteur notre ami. Dans ses

départ, la science pour critérium, l'édénisme pour conséquence. — Réunissons donc nos efforts pour arriver le plus tôt possible à ce port de salut.

Acceptons avec reconnaissance les lumières de la science magnétique qui illuminent déjà les premières terres de cette nouvelle patrie.

preuves et démonstrations des effluves universels et de *l'igni-tion* occulte qui dessine lumineusement aux regards des voyants la forme de tous les corps, il dit : « *C'est cette image lumineuse que saisit et fixe sur la plaque sensitive... le miracle de la photo-graphie.* » (Dr CLEVER DE MALDIGNY. *Journal du Magnétisme* du 25 mars 1856, p. 144.)

Effectivement, c'est une projection de lumière latente et *corporiforme* qui, traversant la convergence de la lentille, vient déposer son empreinte sur un récipient rendu le plus impres-sionnable possible. L'action de ce rayonnement, selon qu'il est doué de *puissance* d'émission, ou bien selon le degré de *sensibi-lité* du récipient, a besoin, pour fournir épreuve photographique, d'être plus ou moins suractivée par l'immersion générale de la lumière visible. Cette épreuve, du reste, se présente fréquem-ment défectueuse en quelqu'une ou quelques-unes de ses parties, dès qu'il s'agit du portrait des êtres organisés et prin-cipalement de l'espèce humaine, parce qu'il est extrêmement rare d'y rencontrer l'équilibration de forces d'une harmonie parfaite.

Telle est littéralement, comme il l'a formulée devant nous, l'opinion de M. de Maldigny.

Un autre de nos amis, qui ne connaît pas le docteur et qui n'en est pas connu, M. L. D. Emile Bertrand, s'est aussi basé sur ce système des émanations dans un ouvrage composé pour

Ne craignons pas de communier avec les forces intelligentes de l'univers, qui veulent bien nous aider de leur sympathie, et nous remplirons ainsi dans son entier la mission que nous sommes chargés d'accomplir.

Pour nous, nous croirons avoir bien mérité de tous,

les lecteurs d'élite, mais qui fâcheusement est resté presque inédit jusqu'alors, parce que l'auteur a cru devoir le publier en latin. Voici les premières lignes d'un des paragraphes de la préface :

« Hoc autem nostro libro plenissime etiam ex materiali hominis constitutione — qualis revelari incipit his novis recentiorum temporum scientiis, quibus inde *Photographiæ*, inde *Magnetismi*, inde breve generali ELECTROLOGIÆ nomine, novæ omnino indicantur inter entia relationum leges, — probabitur, etc. » (TRIUMPHANS UNITAS, seu *universale generis humani criterium*.) De notre livre et de la constitution matérielle de l'homme, — comme elle commence à se révéler aux temps modernes, par les nouvelles sciences, soit de la *Photographie*, soit du *Magnétisme*, ou mieux encore, sous une brève dénomination générale, par la science de l'ELECTROLOGIE, où se traduisent, d'une manière tout à fait neuve, les lois de relations entre les êtres, — il résultera très-pleinement la preuve que, etc. » (TRIOMPHE DE L'UNITÉ, *ou Critérium universel du genre humain*) (*).

Enfin, au point de vue de la mission de notre entreprise, nous tenons à dire que, — sans savoir si nous rentrerons dans nos déboursés, — nous avons résolu de mettre cette publication au prix net de 2 fr. 50 c.; afin d'aider de notre mieux à la rendre populaire et de la dégager évidemment du moindre soupçon de mercantilisme.

(*) Paris, chez E. Dentu, Palais-Royal.

si nous sommes parvenu à faire réfléchir les hommes
de bonne foi sur le grave sujet dont nous venons de
vous entretenir ; si nous avons réussi à faire voir combien les manifestations d'un monde supérieur, qui
semblent si étranges à certaines personnes, sont au
contraire naturelles à la spiritualité de notre essence ;
si nous avons pu faire comprendre combien elles ont
toujours été, combien elles sont encore universelles (1),

(1) On lisait dernièrement dans le *Journal du Magnétisme* :
« Il n'y a presque pas de découverte en Europe qui n'ait été
faite antérieurement par la Chine. Il paraît que ni l'Europe ni
l'Amérique ne sont fondées à revendiquer la priorité d'invention pour les tables tournantes et parlantes *qu'on a trouvées chez
Tertullien et Ammien Marcellin,* et qui ensuite, après bien des
siècles d'oubli, ont apparu dans le Céleste Empire. C'est ce
qu'atteste le *North China Herald* du mois de mars 1854; le docteur Macgowan, médecin résidant en Chine depuis fort longtemps, certifie que, dans la ville de Ningpo, rien n'est plus
commun que les tables animées, les coups mystérieux et généralement les manifestations spiritualistes, et qu'il les y a observés dès l'année 1844; il ajoute que les procédés des Chinois
sont tout à fait semblables à ceux des Américains. Ce savant a
publié, à ce sujet, divers articles dont nous extrayons ce qui
suit, d'après le *Spiritual Telegraph* du 30 mai dernier :
« D'après la croyance des habitants et de beaucoup d'étran-
« gers qui fréquentent ce pays, les démons et les âmes des
« morts exercent une influence continuelle sur les affaires hu-
« maines et répondent aux invocations qui leur sont régulière-
« ment adressées... Tous les catholiques romains et même bien

et combien, loin de les mépriser, loin d'en faire un sujet de plaisanteries, on doit s'estimer heureux d'en être favorisé ; si nous sommes parvenu enfin à inspirer à quelque autre le désir de faire plus et mieux que nous pour la cause que nous défendons !

Puisse le public nous dire, après nous avoir lu, ce que nous avons dit nous-même au docteur Clever de Maldigny lors de la publication de son dernier article

« des ministres protestants attribuent à l'action des démons les
« manifestations spirituelles ou réputées surnaturelles qui ont
« lieu en Chine. *Il serait à désirer qu'un homme exempt de pré-*
« *jugés se livrât, dans l'intérêt de la science, à des recherches sui-*
« *vies pour élucider ce sujet.* Il serait particulièrement curieux
« d'étudier les superstitions des Miautsé, tribu montagnarde
« qui se croit aborigène, et chez laquelle on se livre à la géo-
« mancie et à d'autres pratiques de magie. Il y aurait encore
« un riche sujet d'instruction dans l'histoire du Tsiang-Tiense
« (ou Précepteur céleste), grand prêtre héréditaire des Tanistes,
« qui cultivent l'alchimie et se disent la secte de la Raison. Ce
« singulier personnage a été reconnu sous plusieurs dynasties
« successives comme exorciseur général de l'empire. Son palais
« est dans la province de Kiangsi, préfecture de Nankang. Quand
« des personnes ou des lieux sont maléficiés par les mauvais
« esprits, on l'appelle, et, après avoir reçu une rétribution hon-
« nête, il écrit sur des amulettes qui produisent immédiate-
« ment l'effet désiré ; ou bien il envoie des baillis spirituels
« pour saisir le malencontreux démon qui est aussitôt enchaîné
« comme ils devraient l'être tous... Quant aux tables animées,
« c'est une pratique fort ancienne. »

dans le *Journal du magnétisme :* Votre œuvre est une bonne action.

En tout cas, nous pouvons répéter après Montaigne :

« C'EST ICY UN LIVRE DE BONNE FOY. »

FIN

www.ingramcontent.com/pod-product-compliance
Lightning Source LLC
Chambersburg PA
CBHW072041090426
42733CB00032B/2054